Plus jamais seul

HAZERKA

avec Valérie Péronnet

Plus jamais seul

Journal d'un collégien harcelé

À ma mère, Hazerk et mon public

1

21 juin 2014

J'ai peur. Je ne sais pas combien de personnes m'attendent, là devant cette scène. Deux cents ? Trois cents ? Énormément en tout cas, pour moi qui ne me suis jamais produit devant un public. À part ce jour si lointain où gamin, triste, malheureux, perdu, je suis parti à l'assaut d'un concours de danse comme on part à l'assaut d'une montagne infranchissable. Je l'avais franchi, pourtant, et découvert avec sidération le plaisir d'être regardé, apprécié, applaudi. Le plaisir d'être quelqu'un d'autre, qui a le culot de s'exposer devant des gens, et comment ça dilue la peur, et la tristesse, et le malheur.

Je les entends. Ils ne sont pas là pour moi, ils sont là pour écouter le rock des Sixties Memories. Ils les attendent. Ils s'impatientent. Moi, ils ne me connaissent pas, enfin, je ne crois pas. Peut-être que quelques-uns m'ont vu dans le journal. Maman était si fière ! Ou bien sur YouTube, où *Seule* cartonne jour après jour. Le vertige de voir tourner ce compteur-là. Des clics par milliers pour moi que personne n'a jamais liké, dans la réalité. C'est fou. Je suis fou d'être là. De prendre ce risque.

Ils seront là peut-être, eux aussi, sur la petite pelouse de l'hippodrome de Chantilly. On est chez eux, chez moi. Sur leur terre, sur ma terre. À trois cents mètres d'ici, il y a mon appartement. Et à deux kilomètres à peine, de l'autre côté, le collège. Ça m'étonnerait qu'ils viennent. J'espère qu'ils ne viendront pas. Si on suit leur logique, ils ne vont pas se déplacer pour moi, puisque je suis un nul qui ne vaut pas le déplacement. Pour moi, non, mais pour écouter du bon vieux rock des années 1960 ? Ils vont venir pour ça, pour la fête de la musique, pour s'éclater un peu, et ils vont tomber sur moi.

Peut-être qu'ils ne me reconnaîtront pas. Peut-être qu'ils ne se souviennent pas. Peut-être qu'ils s'en foutent, enfin. Ou alors, peut-être qu'ils seront bluffés de découvrir que le pauvre nul, la sale victime, le binoclard est sur scène, devant eux, en train de chanter un titre que des centaines de milliers d'internautes ont aimé ?

J'ai mal au ventre. Les mains qui tremblent. Les jambes, aussi. Et ma voix, si elle tremblait ?

Je ne vais pas y arriver. Je n'aurais jamais dû dire oui. J'aurais dû rester enfermé chez moi, comme depuis des mois. Des années même. Tapi à côté de ma vie de minable. De nullard. De victime. Fermer ma gueule, m'écraser à jamais. Disparaître et qu'on n'en parle plus.

Disparaître, et tant pis pour ceux qui m'aiment ? Maman, Sébastien, Jennifer, ma tante... Ils sont là, au premier rang. Ils m'attendent aussi. Disparaître et leur causer cette douleur que je connais si bien ? Que je vais chanter, même, dans ma première chanson, si un son réussit à sortir de ma gorge.

Younès. Il faut que je pense à Younès. C'est lui ma force, et ma douleur. C'est lui ma voix. Tatoué en moi, et sur mon bras. Il me protège. Il est là. Go.

Tu brilles comme une étoile
Tu me guides
dans mes jours sombres [...]
La terre a perdu un battant,
le ciel a gagné un ange...
[...] *Regarde-moi de là-haut,*
Aide-moi à avancer,
Je ferai de mes rêves une réalité

Voilà, je l'ai fait. C'était atroce et formidable, merveilleux et horrible. Dingue. C'était dingue. Je suis dingue. Je suis monté sur scène et j'ai chanté mes deux chansons, puisque c'est ce qui était prévu. Devant, ils ont aimé. Derrière, ils ont sifflé. Je crois qu'ils étaient plus nombreux à aimer qu'à siffler. Je crois, mais je ne suis pas sûr. J'étais là mais j'étais ailleurs, avec Younès et son étoile, avec Marion et ces mômes qui me suivent sur les réseaux, et leur solitude. J'étais dans mes tripes, dans ma peur, dans ma rage. Comme un animal qui met toutes ses forces à ne pas crever. J'ai chanté, et à l'intérieur de moi, c'était la guerre totale. Tout a explosé en même temps, l'amour, la haine, mon père, ma mère, Jennifer et Sébastien, Younès, tous les autres, et eux. La puissance folle que ça me donne d'être là, sur une scène, avec un micro. Le géant que ça fait de moi.

Je ne les ai pas vus tout de suite. Ils étaient loin, au fond, bien planqués derrière les autres. Je les ai entendus, d'abord. Siffler, gueuler, huer. J'ai continué de chanter, comme un géant, en essayant de ne pas entendre pleurer à l'intérieur de moi le petit garçon que leurs sifflets ont réveillé. Quand j'ai compris qu'ils me lançaient des tomates, je les ai reconnus. Et j'ai eu peur, encore, toujours. Sans fin.

Je suis descendu de scène et j'ai retrouvé les miens. Maman, émue aux larmes. Jennifer, qui avait l'air si fière. Sébastien, mon grand frère à jamais. Et puis aussi quelques ados que je ne connais pas, qui m'attendaient pour demander un selfie. Un autographe. Une attention. Ils me demandent à moi qui ne suis rien, comme si j'étais quelqu'un ! J'ai donné tout ça, même si j'avais l'impression d'être tellement vidé que je n'avais plus rien à donner. J'ai reconnu aussi Monsieur B, un ancien prof de maths, qui est venu me féliciter, et me dire de ne pas lâcher. Ça m'a fait plaisir. Et du bien. Même si c'est, sûrement, un peu tard…

Et puis tout s'est relâché dans mon corps. J'avais besoin d'être seul. J'ai prétexté une envie pressante pour filer quelques instants à la maison, juste à quelques pas de là, histoire de m'extraire un peu de toutes ces émotions et de la sono du concert de rock. J'avais besoin de silence. De calme. De reprendre mon souffle. Je les ai laissés et j'ai dit que je revenais, et puis j'ai pris la petite rue que je connais par cœur pour rentrer chez moi.

C'est là qu'ils m'ont retrouvé. Peut-être qu'ils me suivaient. Peut-être qu'ils me cherchaient. Peut-être qu'ils m'attendaient. Je ne sais pas, je n'ai pas vu. Je sais seulement qu'à un moment ils étaient là, autour de moi. Je les ai reconnus, tous ; comment les oublier ? Le club des cinq, inséparable encore aujourd'hui. Leurs mauvais regards. Leurs carrures qui font deux fois la mienne. Et puis cette odeur de haine que j'ai reconnue elle aussi, dès qu'elle est entrée dans mes narines. Ils sont là, autour de moi, comme avant, comme toujours, comme s'ils devaient accompagner ma vie entière, jusqu'à mon dernier souffle. Ils sont là, mais ils ne sont pas seuls : il y en a d'autres aussi, que je ne connais pas. Et même un père de famille, deux fois mon âge, qui pue l'alcool à plein nez.

Ils puent tous l'alcool. Et la haine.

— Tu fais honte à la ville, sale connard. Tu ne chanteras plus jamais.

— Tu entends ? Plus jamais.

— Tu chantes comme une grosse merde. Rentre chez toi et ferme-la.

— T'as toujours pas compris ? Depuis le temps qu'on te dit de fermer ta gueule ?

Il s'approche de moi. Saisit le col de mon tee-shirt et le serre autour de mon cou. Sa bouche est si près de mon visage que je vois ses caries et le fond de sa gorge.

— Tu rentres chez toi et tu y restes. T'as rien à dire, rien à faire ici. Si tu recommences, t'es mort.

Je me tais. Je ferme les yeux. Je sens mon ventre qui se tord, mes jambes qui se dérobent, mon cœur qui s'emballe. Je sens ma peur prendre possession de chaque cellule de mon corps.

Je ne dis rien et ça le rend fou. Ça les rend fous, tous. Ils menacent de me tuer si je l'ouvre, mais ils ne supportent pas que je la ferme. Je le sais, je les connais par cœur, et depuis si longtemps. Ce qu'ils veulent, c'est que je réagisse. Que j'oppose à leur haine la mienne, pour qu'ils puissent les mesurer et me prouver qu'ils ont gagné. Que je me batte, « comme un homme ». Comme mon père. Avec la même violence. Le même mépris. Que je devienne un chien sauvage, comme eux. Un chien de combat, enragé.

Je ne sais pas faire ça. Je ne veux pas. Je ne veux pas être comme lui.

— Tu dis rien, comme d'habitude, sale victime. T'as jamais eu de couilles.

De sa main libre, il me donne un coup de poing dans le ventre. C'est le signal. Les autres se pressent autour de moi pour frapper à leur tour. Je me tais encore. Je ferme les yeux. Je me fais le plus mou possible. Le plus inexistant. Le plus rien.

Il lâche mon tee-shirt et je prends une inspiration. Pas le temps d'expirer. Ses deux mains saisissent mon cou et commencent à serrer. Serrer. Serrer.

Le son de leurs voix s'éloigne. Leur image se brouille. Je ferme les yeux, mais je vois des flashs de toutes les couleurs. Et puis du rouge, de plus en plus foncé. Voilà, c'est fini. Il m'étrangle. Je pense à la phrase magique de Younès – « On se revoit vite, promis » – et je me dis que voilà, c'est maintenant. Je sens les doigts qui compriment ma gorge. Je sens que l'air ne passe plus. Je sens que c'est le moment. Je vais mourir ici, dans ma rue, à mi-chemin entre ma première scène et mon appartement, au milieu de cette horde hurlante qui pue l'alcool.

Ce n'est pas la première fois qu'ils essaient, mais aujourd'hui ils vont y arriver. J'ouvre les yeux, mais je ne vois plus rien, je ne sens plus rien, je ne suis plus rien. Je n'ai même plus peur.

Je suis mort.

2

Va-t'en

La première fois que j'ai eu vraiment très peur, je m'en souviendrai toute ma vie. C'était un soir d'hiver, il faisait nuit. J'avais 7 ans. Mon père était rentré de mauvaise humeur. De très mauvaise humeur, même. Il a attrapé ma mère par le coude avec brutalité pour l'entraîner hors de ma vue et je les ai entendus se disputer, comme de plus en plus souvent. J'ai fait comme font tous les enfants, je crois : j'ai entendu sans écouter, en restant quand même aux aguets. Je ne voulais surtout rien savoir de leurs histoires de grands. Je ne voulais pas avoir à décider qui était le méchant et qui était le gentil, même si j'avais quand même bien une petite idée sur la question. Et surtout, surtout, je ne voulais pas être témoin de la violence de mon père. Ses grands bras de judoka que j'avais tant admirés, ses beaux muscles qui m'avaient fait tellement envie, sa force qui me faisait penser que j'étais invincible quand j'étais avec lui. Par exemple quand on partait faire du ski tous les trois, une éternité plus tôt, et que rien ne pouvait nous arriver ; et que rien ne pouvait nous empêcher d'être heureux ensemble.

Au début de mon histoire, mon père, c'était un superhéros. Il était garde du corps d'un prince au nom bizarre – l'Aga Khan –, on vivait dans les dépendances d'un château, dans l'Oise, dont le parc était mon terrain d'aventure. Et la preuve qu'on était des géants, c'est qu'un hiver à Avoriaz, tous les deux, ensemble, on a gagné les championnats de luge. On est même passés à la télé pour ça, sur Canal J, comme des champions ! Ma fierté, ce jour-là…

Mais ça, c'était avant. Avant que ma mère devienne triste, avant qu'ils ne crient plus qu'ils ne rient, avant que j'entende mon père lui parler de plus en plus mal. La traiter de plus en plus mal. Et lui faire de plus en plus mal.

Ce soir-là, il pleuvait. Comment pourrais-je oublier ? Maman est revenue dans la cuisine en veillant à ce que je ne remarque pas qu'elle avait pleuré. Comme si ça pouvait m'échapper. Mon père continuait de s'agiter à l'étage. J'ai entendu son pas dans l'escalier, et je l'ai vu descendre avec un grand sac-poubelle rempli au bout de chaque bras. Il a dit, comme un aboiement :

— Prends ton fils et va-t'en.

Il nous a empoignés, ma mère et moi – je ne sais même pas si on a eu le temps d'enfiler nos manteaux –, et on s'est retrouvés dehors, dans le jardin, devant la porte de la maison. Virés, sous la pluie, dans le froid et la nuit. Dans les deux gros sacs-poubelle, quelques jouets, quelques vêtements. Et puis nos yeux pour pleurer. Superman ne voulait tellement plus nous voir qu'il avait foutu SA femme et SON fils en dehors de SA maison.

Plus de toit, plus de famille, plus rien. Et la peur, ma peur, les crocs plantés dans mon cœur, directement reliée à celle de ma mère sûrement, d'être perdus, tout seuls, dans la nuit, sous la pluie, sans savoir où aller. Abandonnés.

Maman a fait comme elle faisait déjà, et comme elle a toujours fait depuis : elle s'est débrouillée, en m'aimant à la folie et en faisant tout pour que je souffre le moins possible de la situation. Elle m'a pris dans ses bras, on s'est engouffrés dans la voiture et on est allés trouver refuge chez ses parents, mes grands-parents chéris, dans un petit village pas bien loin du château. C'est là qu'on a fini l'année scolaire, collés l'un contre l'autre dans la minuscule chambre d'amis aménagée au sous-sol de la maison familiale.

Je n'avais plus peur, mais j'étais perdu. Triste du chagrin de ma mère. Choqué de la brutalité avec laquelle mon père, en mettant fin à leur relation, avait aussi mis fin à la nôtre. J'ai continué de le voir, un week-end sur deux sans doute, quand il avait le temps et quand ils parvenaient à se mettre d'accord. Mais j'avais l'impression d'avoir tout perdu ce maudit soir de pluie : mon père, ma jolie chambre, ma grande salle de jeux et la plupart des jouets qui la remplissaient, la vie de château du petit garçon choyé que j'avais été, et surtout, surtout, la joie et l'insouciance de mon enfance.

Maman a trouvé un travail de vendeuse dans une boutique de chaussures à Chantilly, mais elle s'est arrangée pour que je termine mon année de CP dans l'école où je l'avais commencée. Pendant les grandes vacances, nous avons déménagé dans un autre village de l'Oise, où elle a dégoté la moitié d'une petite maison et son jardin pour nous installer. Elle ne manquait sûrement de rien d'essentiel, même si, à mes yeux d'enfant, elle manquait de tout : pas de parc, pas de salle de jeux, une chambre toute petite et – comble de la déchéance – dépourvue d'escalier : pour aller me coucher, je devais escalader une échelle sur laquelle je n'étais qu'à moitié rassuré.

Maman a continué à m'emmener dans mon école de toujours, pour éviter un bouleversement supplémentaire dans ma vie, déjà très affectée par tous ces changements. Et aussi par la bataille permanente dont j'étais l'objet de la part de mon père, qui manœuvrait pour obtenir plus de week-ends de garde en échange d'une pension alimentaire la moins coûteuse possible. Je n'étais pas très au courant des tractations, mais je sentais bien que ma mère tirait le diable par la queue et que la question financière était cruciale.

Et je constatais aussi, avec désolation et sans rien en dire à personne, que lorsque j'étais avec lui, malgré son grand désir de m'avoir plus souvent, mon cher géniteur ne savait pas trop quoi faire de moi.

Il faut dire que depuis qu'il nous avait éjectés, il menait au grand jour une vie amoureuse extrêmement bien remplie. Au début, je m'appliquais à faire connaissance avec la dame qu'il me présentait, le plus souvent, comme sa future épouse et ma déjà belle-mère. Mais j'ai vite compris que ça n'était pas nécessaire : la fois d'après, elle ne serait plus là. Dans cette valse sans fin, j'avais toujours l'impression de déranger, et c'était évidemment le cas.

De son côté, Maman a repris peu à peu les rênes de sa vie. Je devrais dire de notre vie. Elle a trouvé une nouvelle maison, moins sommaire, dans la cité ouvrière d'une petite commune à cheval entre la ville et la campagne, et un nouveau compagnon, Ismaël, très doux et très gentil qui passait de plus en plus de temps chez nous. Nous avons donc déménagé l'été de mes 9 ans, en 2002. En faisant le tour de mon nouveau quartier, j'ai repéré un terrain de foot qui m'a réjoui : j'adorais jouer au foot ! Je me voyais déjà, à la rentrée, m'engager dans des matchs formidables avec mes nouveaux copains de classe.

J'espérais que l'école m'aiderait à créer des liens, parce que j'étais trop timide pour aller au-devant des enfants qui traînaient autour du stade et de chez moi. J'ai bien vu qu'ils se connaissaient tous, et qu'ils me regardaient de travers, intrus que j'étais. Je me suis baladé un peu à vélo dans les rues alentour, avec le secret espoir de faire quelques rencontres, mais je n'ai croisé que des regards plutôt hostiles, et rien ne s'est produit. À part qu'un jour mon vélo, stationné dans le jardin, a disparu. Volé !

J'ai bien senti qu'on avait atterri dans un quartier un peu « particulier », dont je ne maîtrisais pas les codes. Je me suis donc cantonné à la maison, au milieu de mes jeux et des toupies Beyblade, des cartes Pokémon et Yu-Gi-Oh que Maman m'offrait chaque semaine pour me donner du courage. Et j'ai attendu la rentrée bien tranquillement, avec autant d'impatience que d'appréhension, en souhaitant de toutes mes forces qu'elle marque le début d'une nouvelle ère dans ma vie, plus joyeuse et encourageante que les deux années que je venais de traverser.

On peut toujours rêver…

3

Le dragon blanc aux yeux bleus

De cette rentrée en CE2, je n'ai aucun souvenir précis. Sans doute parce que ma mémoire s'est focalisée sur l'événement marquant de cette année scolaire, qui a donné le coup d'envoi aux très longues et douloureuses années qui allaient suivre. Me voilà donc dans cette école, seul « nouveau » au milieu de la petite bande bien constituée des gamins du quartier, les mêmes que j'avais croisés sans qu'ils m'adressent un mot à la fin de l'été. J'avais tout du nouveau, et sans doute aussi du petit garçon à sa maman. C'est ce que j'étais : un petit garçon à lunettes aux cheveux trop longs, éprouvé par la séparation de ses parents et l'absence de son père, que sa maman protégeait comme elle pouvait de ces premières épreuves de la vie. Elle me gâtait, à sa mesure, notamment en m'offrant dès qu'elle le pouvait des petits jeux qui me faisaient plaisir.

Comme beaucoup d'enfants de mon âge, j'avais une passion pour les cartes Yu-Gi-Oh, que je collectionnais avec enthousiasme et dont j'échangeais les doublons à la récréation. Parmi ces cartes, je détenais un trésor. LE trésor, même : le dragon blanc aux yeux bleus, hyper rare, introuvable et, naturellement, inéchangeable. La nouvelle a rapidement fait le tour de l'école : non seulement le nouveau avait des cartes neuves plein son cartable, mais en plus il possédait celle du dragon blanc aux yeux bleus. Et ce qui aurait pu me valoir une grande admiration n'a fait que précipiter ma chute, au sens propre comme au sens figuré.

C'est un grand qui a réglé la question.

— C'est toi le nouveau ?

Comme s'il ne le savait pas…

— Il paraît que t'as un paquet de cartes à échanger ?

J'ai reconnu dans sa voix les intonations de celle de mon père avant qu'il se mette en colère. Du haut de mes 9 ans, seul au milieu des grands, j'ai bien senti que ça allait être compliqué.

— Il paraît même que t'as la carte du dragon blanc ?

Au fur et à mesure qu'il me parlait, ils se rapprochaient, son copain et lui.

— Fais voir ?

Je savais que j'étais cuit. J'avais peur. Ils voyaient que j'avais peur. Ils me toisaient depuis leurs 12 ans et je n'étais pas de taille. De toute façon, je ne voulais pas me battre. Jamais. Pas question d'être comme mon père.

— Tu l'échanges contre quoi ?

— Je l'échange pas.

— Je te demande pas si tu l'échanges ou pas, je te demande contre quoi.

— Non, non, je l'échange pas.

Ils foncent sur moi. Les deux, et tous les autres derrière. M'attrapent par les cheveux et me rouent de coups.

— Donne ta carte. Donne ta carte. Donne ta carte.

J'appelle au secours, ça les fait rire. Les coups redoublent. Quelqu'un me pousse. J'ai le réflexe de protéger ma tête avec mon bras gauche, puisque je suis gaucher. Quand je tombe, j'entends un craquement, et la cloche qui sonne la fin de la récré. Quelques coups de pied supplémentaires pour finir le travail, et tout le monde se dirige vers les classes comme si de rien n'était. Je me relève péniblement et ramasse mes affaires, sans l'aide de personne. Mes lunettes sont déglinguées, et mon bras gauche est parcouru de frissons. Il me fait si mal que je ne peux pas le bouger. Je rentre en classe et m'installe à ma place en m'efforçant de ne pas pleurer. Mais quand la maîtresse donne un exercice, la douleur est tellement vive que je n'arrive pas à écrire. Je lui explique que j'ai très mal. Elle s'agace.

— Fais un effort, ça va passer. Allez, prends ton crayon et mets-toi au travail !

Ça fait rire mes « camarades ». La douleur est atroce, j'ai l'impression que je vais m'évanouir. J'insiste, mais elle ne veut rien entendre.

Je me sens tellement mal. Et tellement seul…

Elle a fini par m'envoyer à l'infirmerie. L'infirmière a appelé ma mère, et on a filé à l'hôpital. Double fracture.

Quand j'ai expliqué à Maman ce qui m'était arrivé, et que la maîtresse n'avait rien fait, elle est allée voir le directeur. Et même la police. Ça n'a strictement rien donné.

Et ça n'a rien changé du tout. Je suis retourné à l'école, terrifié, sous le regard moqueur de mes agresseurs. Sans mon dragon blanc aux yeux bleus, mais avec un plâtre qui s'est rapidement couvert de petits mots, de toutes les couleurs : *victime, gros cul, connard, bigleux…*

Puisque personne ne m'écoutait ni ne me défendait, je me suis enfermé dans le silence, et replié sur moi-même. J'ai traversé le reste de l'année en apnée. J'avais tout le temps peur, mais surtout, j'avais honte. Profondément honte de ne pas être à la hauteur, de ne pas savoir me défendre, d'être si différent des autres, de ne plaire à personne. D'être moi, cet enfant à lunettes dont la simple présence agaçait toute la cour de récréation, adultes compris.

J'ai caché mon plâtre couvert d'insultes sous un pull à manches longues. Je ne voulais pas inquiéter ma mère, qui avait déjà tellement de soucis. Quand elle a fini par découvrir la prose de mes « copains » d'école, elle a été horrifiée.

— Mais qui a écrit ça ?

— Ben, les autres.

— Quels autres ? Pourquoi ils font ça ?

— Je sais pas… Ils m'acceptent pas.

— Comment ça, ils t'acceptent pas ?

— Ils m'acceptent pas comme je suis.

— Mais comment tu es ? Je ne comprends pas.

Je ne savais pas quoi lui répondre. Moi non plus, je ne comprenais pas.

— Dis-moi qui c'est, je vais aller voir leurs parents.

— Non, s'il te plaît, ne fais pas ça.

— Si je vais le faire ! Et ils vont m'entendre !

— Maman, je veux pas. S'il te plaît. S'il te plaît...

Je l'ai suppliée comme si ma vie en dépendait. Peut-être parce que, effectivement, ma vie en dépendait ? Comment lui expliquer que je ne voulais pas ajouter à la longue liste des insultes répertoriées sur mon plâtre les si déshonorants *balance* et *mouchard* ? Je savais bien que ça, je ne m'en remettrais pas.

Elle n'est pas allée voir les parents mais elle a remué ciel et terre. Elle a rencontré le directeur à de multiples reprises. Elle venait me chercher à la sortie de l'école sans réaliser que ça aggravait mon cas. Et finalement, elle a décidé de me changer d'établissement à la prochaine rentrée. Mais pour que le cauchemar s'arrête, il a fallu attendre la fin de l'année scolaire. Ça a été tellement horrible et interminable que ma mémoire de petit garçon de 9 ans a préféré tout oublier.

4
Younès

Les deux années qui ont suivi ont été pour moi deux années de répit. D'un point de vue scolaire, au moins. Dans ma nouvelle école, située hors de notre quartier inhospitalier, tout s'est bien passé. J'ai été accueilli normalement, les maîtresses étaient gentilles et attentives, j'ai pu enfin devenir l'élève sans histoires que j'aspirais à être, malgré mon statut de « nouveau », qui cette fois n'a posé aucun problème. Je n'avais plus peur d'aller en classe, j'obtenais plutôt de bonnes notes, je jouais enfin au foot pendant la récréation, et quand il fallait constituer des équipes je ne restais jamais sur le carreau. De retour à la maison, j'évitais soigneusement les enfants du secteur et les alentours du terrain de foot, où finalement je n'avais jamais eu l'occasion de toucher un ballon.

Je m'étais quand même fait un copain ! Florian, nouveau lui aussi, dont la famille s'était installée presque en face de chez nous pendant l'été. C'était mon premier vrai copain. Notre activité principale était de jouer à la console, chez moi, puis chez lui, puis chez moi... Les murs de ma chambre étaient couverts de posters de Zidane – j'étais un fan absolu de l'OM –, de Billy Crawford, Jenifer, Houcine, Grégory Lemarchal... Je ne ratais pas un épisode de la « Star Academy » ; je rêvais d'avoir moi aussi, plus tard, ces grands sourires qu'ils arboraient sur les photos. Et de rendre les gens heureux comme ils me rendaient heureux, moi.

Ma scolarité avait repris une tournure acceptable ; grâce à Florian, ma vie sociale était minime mais agréable ; à la maison tout se passait bien avec Maman et avec Ismaël, qui avait fini par s'installer carrément chez nous. J'aurais pu tisser avec lui les liens qu'un petit garçon a besoin de tisser avec son père, mais ça ne m'est même pas venu à l'idée : Ismaël, je ne savais pas du tout combien de temps il allait rester. Et puis un père, j'en avais déjà un. C'était même le seul point noir de mon existence, pendant cette période d'accalmie.

Après un divorce houleux, la justice avait tranché : j'étais confié à sa garde un week-end sur deux et la moitié des vacances. Ce qui pouvait passablement compliquer l'emploi du temps du serial tombeur qu'il semblait être devenu. Comme il n'était pas question que mon existence entrave de quelque manière que ce soit son épopée sentimentale, il avait trouvé la solution : il me prenait quand même les jours prévus, mais il faisait comme si je n'étais pas là. Exactement comme ses conquêtes, qui, du coup, ne se gênaient pas pour me considérer au mieux avec indifférence, au pire avec une méchanceté un peu sadique.

Il y a eu Stéphanie, la reine du taekwondo, avec qui il a vécu quelque temps. La première fois qu'on s'est rencontrés, chez eux, je l'ai énervée pour je ne sais plus quelle broutille. J'étais assis sur une chaise de bureau qui peut tourner sur elle-même. Elle m'a donné une claque et j'ai fait un tour complet avant de me retrouver par terre. Sous les yeux de mon père, qui n'a rien dit.

Il y a eu cette Marseillaise, qu'il fallait rejoindre là-bas. Elle tenait une pizzeria et habitait au-dessus. Comme elle ne voulait pas m'installer dans la chambre de ses enfants, « pour ne pas mélanger », j'ai dormi dans la cuisine du restaurant, par terre sur un matelas, entre le frigo et le four à pizzas.

Il y a eu Catherine, Nadine, et puis je ne sais plus qui, une dizaine, une vingtaine, et j'ai compris que ça ne servait à rien de me souvenir de leur prénom, ni même de les compter. Souvent, mon père m'annonçait solennellement :

— J'ai une grande nouvelle, tu es le premier à le savoir : on est amoureux, on va se marier, la robe est déjà choisie.

Je ne sais pas s'il y croyait vraiment ; moi j'ai arrêté d'y croire assez vite...

Un de mes plus mauvais souvenirs de cette époque, c'est un week-end où, vraisemblablement, il n'était pas possible d'imposer ma présence à sa conquête du moment. Alors il m'a déposé chez ses parents. Les chats ne font pas des chiens : autant mes grands-parents maternels étaient tendres et affectueux avec moi, autant les parents de mon père étaient distants et froids. Je pense qu'eux non plus je ne les intéressais pas. La preuve : je n'ai pas souvenir qu'ils m'aient souhaité, ne serait-ce qu'une seule fois, mon anniversaire, ou qu'ils se soient fendus d'un cadeau de Noël...

Ce week-end-là, je ne sais pas pourquoi, ils m'ont fait dormir dans le grenier. Pas un joli grenier bien aménagé en chambre d'amis au milieu des poutres apparentes, comme dans les magazines de décoration. Non ! Le grenier, sans lumière, sans chauffage, sans fenêtre, avec les trucs en vrac et les machins démontés, les cartons remplis de je ne sais pas quoi, les objets dont on ne veut plus et les meubles qu'on met au rebut. Dont moi, sur un matelas posé là, au milieu de la poussière et des toiles d'araignée.

Je ne me rappelle pas si j'ai eu peur. Mais je me rappelle avoir eu mal, atrocement mal d'être traité avec tant de brutalité et si peu d'égards. Comme une chose, dont on ne sait pas quoi faire. Ça m'aurait fait le même effet s'ils m'avaient stocké à la cave, ou dans un local à poubelles...

J'essayais de ne pas trop parler de tout ça à ma mère, pour qu'elle ne se fasse pas de souci. J'étais bien content qu'elle n'ait plus à demander sans cesse des rendez-vous avec mon école, je n'avais pas envie qu'elle soit obligée, maintenant, de se battre pour moi contre mon père. Je ne sais pas à quel moment cet épisode du grenier m'a échappé, mais quand elle l'a appris, il s'est passé exactement ce que je craignais : ça a fait un drame. Un de plus...

Quand la fin du primaire s'est profilée à l'horizon, la question du choix de mon futur collège s'est posée. Maman avait entendu parler d'un établissement à Chantilly qui proposait une section « sport-études », spécialisée dans le foot. Évidemment, j'étais enthousiaste ! Depuis tout petit, un de mes rêves récurrents était de jouer au foot avec des copains sympas. Le jour des tests d'admission, j'étais un peu tendu : ça faisait longtemps que je n'avais plus vraiment joué, sur un terrain, avec un vrai ballon... Nous étions deux cents, et il n'y avait que trente places. Est-ce que quelqu'un d'aussi insignifiant que moi pouvait être choisi au milieu de tant de candidats ? Je n'ai jamais bien su faire des fantaisies avec la balle. Je n'étais pas un très bon dribleur, mais j'étais un défenseur acceptable, grâce à ma rapidité. Si j'avais une seule qualité, c'était la vitesse. Encore fallait-il qu'ils le remarquent...

Ils l'ont remarqué, et j'ai été accepté. Haut la main, même ! En septembre 2005, j'attaquerais donc mon secondaire crampons aux pieds !

L'autre bonne nouvelle, c'est qu'on déménageait. Dans un joli appartement au cœur de Chantilly, moderne et confortable. J'avoue, je n'étais pas fâché de quitter notre maison toute biscornue et surtout ce quartier hostile où nous avions toujours été considérés comme des étrangers. Vélos volés, pneus crevés, voiture rayée, mon bras n'a pas été la seule victime de nos voisins infréquentables... Mon unique regret a été de quitter mon copain Florian, que j'ai complètement perdu de vue.

Pour commencer notre nouvelle vie en beauté, ma mère a cassé sa tirelire et nous sommes partis en vacances au bord de la mer, Ismaël, elle et moi. Une semaine de rêve dans un club en Tunisie. Le luxe ! Tout était beau, là-bas. Et tout me semblait joyeux, tranquille. Accueillant. Comme une oasis au milieu de la grisaille de notre vie.

C'est au bord de la belle piscine de ce si bel endroit que j'ai rencontré Younès. Il semblait un peu plus vieux que moi. Il jouait au ballon, au milieu de l'eau. Il a vu que je le regardais. Il avait l'air sympa, j'ai pris mon courage à deux mains pour engager la conversation.

— Je peux jouer avec toi ?

— Ben oui, viens !

Porté par mon culot – en France, je n'aurais jamais osé tendre à quiconque un si beau bâton pour me faire battre –, j'ai répondu la vérité.

— Heu... Je sais pas nager.

Et là, miracle ! Au lieu de se moquer de moi ou de me traiter de gros nul, il m'a fait un magnifique sourire.

— Ah ? Ben, je vais t'apprendre alors ! Moi, ça fait pas très longtemps que je sais. Tu verras, c'est pas difficile... En attendant, mets des brassards.

À partir de ce moment, on ne s'est plus quittés. Je n'en revenais pas : ce mec m'avait accepté comme j'étais, immédiatement, et comme si c'était absolument naturel ! Je crois que ça ne m'était jamais arrivé.

Pendant cette semaine, on a fait les quatre cents coups tous les deux. J'ai bien progressé en natation, mais aussi en rigolade, en liberté, en bonheur simple et joyeux. Ma mère a sympathisé avec ses parents. Tunisiens de l'autre bout du pays, ils s'étaient offert eux aussi une semaine de pause à Monastir, dans ce club qui ressemblait, pour moi, au paradis.

Quand il a fallu partir, j'étais affreusement triste, bien sûr, de quitter mon ami. Mais très heureux aussi : je savais qu'on allait rester en contact, Younès et moi. Nous pourrions continuer à communiquer, au moins grâce à nos ordinateurs, jusqu'à nos prochaines vacances en Tunisie. C'était sûr et certain, on ne se quitterait plus. Jamais. J'avais trouvé mon âme frère, pas question de le laisser filer.

5

Le grand bain

Finalement, Ismaël ne s'est pas installé avec nous dans le nouvel appartement. Il a quitté mon histoire exactement comme il y était entré : discrètement et sans vague. Trop blessé par ce qui se passait – ou plutôt ce qui ne se passait pas – avec mon père, j'avais persisté à ne pas vouloir m'attacher à lui, qui a pourtant toujours été très gentil avec moi. En partant, il me laissait en tête à tête avec ma mère et ça m'allait très bien.

Et puis j'avais autre chose à penser. Plus le jour de ma rentrée en sixième approchait, plus j'étais inquiet. Les images de mon année de CE2 me revenaient sans cesse. J'avais peur de ce grand collège hostile où je ne connaitrais personne et où il faudrait que je fasse ma place. Au lieu de me réjouir d'être admis dans la section foot, qui me faisait tellement envie et dont l'accès était réservé aux meilleurs, je me rongeais les sangs.

Je ne me sentais pas à la hauteur. Je ne serais jamais à la hauteur. J'étais trop petit, pas assez musclé, trop timide. Et puis aussi trop bigleux, trop boutonneux – depuis quelques mois, une maudite acné me dévorait le visage –, trop fauché pour m'acheter des vêtements de marque – de toute façon, je m'en foutais des marques. Je ne voyais pas comment les autres pourraient m'aimer alors que même mon père ne s'intéressait pas à moi et que, moi-même, je m'aimais si peu. Je savais d'avance que Younès avait été un miracle et qu'il y avait peu de chance, très très peu de chance, que je rencontre un autre garçon aussi gentil, ouvert, drôle, cool, qui me ferait la grâce de m'accepter comme j'étais.

Je dois bien l'admettre aujourd'hui : j'ai fait à peu près tout ce qu'il fallait pour que ça se passe mal. Non pas que je le souhaitais, mais plutôt que je le craignais trop. Je pense que le jour de ma rentrée en sixième, je ne ressemblais à rien. Ou plutôt, je ressemblais à ce que je croyais être : un ado différent des autres que personne ne pouvait comprendre puisqu'il ne se comprenait pas lui-même. Un petit garçon, encore, qui savait déjà que la vie pouvait lui réserver le meilleur et le pire, et qui avait très peur que ce soit le pire qui gagne cette partie-là.

J'aurais tout fait pour éviter cette épreuve, mais je n'avais pas le choix. Alors j'y suis allé avec angoisse et courage, les écouteurs vissés dans les oreilles.

Nous, on était la sixième 1. Que des garçons, d'origines multiples et de tous les milieux, qui venaient de toute la région pour approcher leur rêve – qui n'était pas le mien, moi je voulais seulement jouer au foot – de devenir footballeur professionnel. Comme souvent en sixième, nous formions un groupe très mélangé où chacun en était à un stade différent de sa puberté. Mais, au premier coup d'œil, j'ai bien vu que je faisais partie des plus petits, des rares binoclards, et que j'étais le seul à avoir autant de boutons sur la figure. Alors j'ai un peu monté le son de ma musique, histoire de me donner la force d'affronter ce qui s'annonçait.

On ne peut pas dire que les premiers jours se soient mal passés. On était tous assez intimidés, même ceux qui faisaient les malins. L'entrée en sixième, c'est quand même le saut dans le grand bain. Et même si tu ne sais pas nager, t'as pas intérêt à arriver avec des brassards. Il n'y aurait que Younès pour trouver ça normal…

Nous avons très vite fait connaissance de notre prof de foot, Monsieur A, qui nous a immédiatement testés et divisés en trois groupes : les très bons, les bons et les moyens. C'était une manière radicale de nous pousser sans ménagement dans un autre grand bain : celui, sans pitié, de la compétition sportive, où l'objectif est d'être meilleur que l'autre, coûte que coûte et par tous les moyens. Je me suis retrouvé au milieu, dans les bons. J'aurais dû, pour suivre la si subtile logique de Monsieur A, tout faire pour parvenir à être le meilleur des bons, et espérer ainsi changer de groupe pour devenir, d'abord, le moins bon des très bons, puis le moyen des très bons, puis le très bon des très bons. C'est ce qu'il attendait de chacun d'entre nous, en misant sur la férocité adolescente qui nous opposerait les uns aux autres.

Pour la férocité, il ne s'est pas trompé. Mais, en ce qui concerne mon cas personnel, elle n'a pas du tout eu l'effet escompté.

Encouragées par la fine pédagogie de Monsieur A, les forces se sont peu à peu mises en place dans notre classe. Même si, avec du recul, tout était assez prévisible, il a fallu un trimestre, un trimestre et demi, pour qu'elles se cristallisent dans un schéma dont seul un superhéros aurait pu s'extirper. Il y a eu, très vite, le noyau dur des leaders. Quand je dis dur, c'est dur : plus ils se sont aggloméré les uns aux autres, plus ils ont durci leur comportement. Ils étaient cinq, je me souviens de chacun de leur nom, mais je ne les donnerai pas. Ils se reconnaîtront, et peut-être que Monsieur A les reconnaîtra enfin, lui aussi.

Autour d'eux gravitait une cour de suiveurs, qui rêvaient d'intégrer le noyau sans se rendre compte que c'était trop tard, les jeux étaient déjà faits depuis le premier jour. Ceux-là, j'aurais maintes fois l'occasion de m'en rendre compte, étaient prêts à beaucoup de choses pour prouver leur allégeance aux puissants.

À côté des suiveurs actifs, il y avait le reste du groupe, ni figue ni raisin, qui aspirait surtout à avancer tranquillement en esquivant les ennuis, et en veillant à ne s'attirer les foudres ni des profs ni du noyau.

Et puis à part, tout seul, hors de tout, il y avait moi, mes lunettes à la Harry Potter, mes boutons plein la figure, mes cheveux trop longs, mes fringues trop moches, mes écouteurs dans les oreilles et ma peur de plus en plus viscérale que ma peur se voie.

Honnêtement, Monsieur A, comment vouliez-vous que ça ne tourne pas mal ?

Ça a commencé par la petite musique habituelle. Je l'ai reconnue immédiatement : c'était la même que dans la cour de récré en CE2. Des regards moqueurs, qui deviennent mauvais quand on sent qu'ils font mouche. Des insultes, toujours les mêmes : la binocle, Harry Potter (pour mes lunettes rondes et mon côté fils-à-maman), calculette (à cause de mes boutons sur la figure), bouffon, connard, tu sers à rien, trou-du-cul, gros nul...

C'est fou comme les ados ont peu d'imagination et de vocabulaire, en matière d'insultes... D'abord murmurées, pour voir, comme on trempe son pied dans l'eau pour tester la température de la piscine. Et puis assumées, proférées de plus en plus fort dans l'espoir de provoquer chez moi une quelconque réaction, qui aurait pu alimenter et surtout étayer les insultes suivantes.

Mais moi, des réactions, je n'en avais pas. Depuis la nuit de février où mon père nous avait poussés dehors, sous la pluie, en couvrant ma mère d'insultes du haut de sa toute-puissance et de sa carrure d'athlète, j'avais décidé que jamais, jamais, je n'entrerais dans ce « jeu »-là.

De toute façon, c'était déjà cuit : répondre à leurs insultes aurait provoqué d'autres railleries. Et ne pas leur répondre a fait de moi ce qu'ils me reprochaient déjà d'être, et qui à leurs yeux, et aussi aux yeux de tous les élèves du collège, était la pire des conditions : une victime. Voire une « grosse » victime, ou, summum de l'humiliation, une « sale » victime.

Ça ne s'arrêtait pas aux insultes, bien sûr. En plus d'être la cible de leurs sarcasmes, j'ai été aussi, très rapidement, la cible de leurs sarbacanes. Je ne sais pas combien de dizaines, de centaines, de milliers de boulettes de papier remâché soufflées dans le tube d'un stylo Bic j'ai reçues pendant toutes ces années. Et aussi des morceaux de craie. Des gommes. Des bouchons de stylo. Des trombones tortillés. Tout ce que le cerveau d'un adolescent stupide peut transformer en projectile, j'y ai eu droit, sous les esclaffements du club des cinq, les gloussements des suiveurs, et les regards gênés ou indifférents du reste de la classe.

Parfois, le snipper était remis en place par un prof, voire exclu jusqu'à la fin de l'heure. Une punition vécue le plus souvent comme une victoire, tant les coupables étaient heureux d'être dispensés de cours...

C'était il n'y a pas bien longtemps : je suis entré en sixième en septembre 2005. Mais, à l'époque – je mesure aujourd'hui à quel point j'ai eu de la « chance », dans mon malheur –, nous n'étions pas encore tous équipés de téléphones portables. Ni branchés non-stop sur les réseaux sociaux, où j'aurais été, sûrement, une proie sur laquelle ils se seraient tous déchaînés. Mon calvaire aurait sans doute été encore plus fulgurant. Y aurais-je survécu ? Rien n'est moins sûr...

J'aurais pu, peut-être, si l'histoire avait été autre et si je n'avais pas eu si peu confiance en moi, rattraper le coup sur le terrain de foot, en les épatant par mon jeu. J'étais moins puissant que la plupart d'entre eux, mais je courais plus vite que tout le monde, et c'est précieux, dans une équipe, un défenseur hyper rapide. Ils ne m'ont jamais laissé l'occasion de leur en donner la preuve et ce n'est pas Monsieur A, dont c'était pourtant le rôle, qui nous a encouragés, eux et moi, à essayer.

Pourtant, pour courir, j'ai couru. C'est devenu un jeu pour eux : envoyer la balle le plus loin possible, hors du terrain, pour que je coure la récupérer. Sur le terrain je cavalais, je cavalais, mais jamais personne ne me faisait de passe. J'étais comme un fantôme, on était onze dans l'équipe mais ils jouaient à dix...

— Marving, bouge-toi ! Va chercher le ballon, sinon tu finiras sur le banc.

Ça, pour les menaces, il était là, Monsieur A. Et moi pour me bouger, je me bougeais. Mais comment réaliser des exploits, ou même simplement jouer, si toute l'équipe est contre vous ? Et si le prof-coach-arbitre fait semblant de ne rien voir ?

J'ai commencé et « fini » sur le banc à chaque match de rencontres extérieures. Sans exception.

Le seul moment où ils se souvenaient de ma présence, c'était à la fin du cours. Quand il fallait récupérer et remballer les cinquante ballons éparpillés sur le terrain. La corvée était toujours pour moi.

Au début de l'année, je m'étais quand même fait un copain. Émir, qui venait de Serbie. Il était aussi timide et mutique que moi, alors on se taisait ensemble. Mais ça n'a pas duré bien longtemps ; le temps qu'Émir se rende compte que traîner avec une « victime » comme moi faisait de lui, potentiellement, une « victime » aussi. Il s'est donc éloigné, discrètement, non pas par méchanceté mais pour avoir la paix. Ça m'a désolé, mais je ne lui en ai pas voulu. Dans la cage aux fauves, chacun défend sa peau…

Les cours étaient pénibles. Les entraînements étaient atroces. Et les récréations étaient horribles. Les autres jouaient à la Gameboy, au ping-pong, au babyfoot, au basket. Mais pas moi : personne ne me voulait dans son équipe. Alors j'allais me réfugier à la bibliothèque, histoire de tenir mon rang de Harry Potter, ou, mieux, à l'atelier d'arts plastiques, facultatif, où une prof très gentille encourageait le taciturne que j'étais à s'exprimer autrement. Tout petit déjà, j'adorais ça. Je trouvais dans cet atelier, au milieu des pinceaux, des feutres, des couleurs, de l'argile, un espace de réconfort et de tranquillité. Mais ça n'a pas duré bien longtemps : le club des cinq a découvert la combine.

Un jour, ils ont fait irruption dans mon havre de paix et sous l'œil effaré de la prof, complètement débordée, m'ont barbouillé de peinture, comme on passait les voleurs et les traîtres au goudron et aux plumes, dans le Far West. Je me suis enfui en pleurant et quand ma mère m'a vu arriver dans cet état, j'ai bien dû lui donner une explication. Furieuse, elle est allée se plaindre au proviseur. Qui n'a pu faire autrement que d'exclure temporairement les barbouilleurs.

Sans réaliser que cette punition m'exposait inévitablement, moi, à de sévères représailles.

Je me souviens d'avoir attendu le bus en larmes. Terrorisé. Et cette terreur était la pire des représailles.

Je ne savais pas comment m'y prendre pour me sortir de cette situation, à part en restant seul. De plus en plus seul. Et de plus en plus persuadé qu'ils n'avaient pas tout à fait tort : s'ils n'avaient été qu'un ou deux à me mettre plus bas que terre, j'aurais pu penser qu'ils étaient seulement crétins, ou méchants. Mais puisque tout le monde s'y mettait, est-ce que ça ne voulait pas dire qu'ils avaient raison ? Semaine après semaine, ils ont réussi à me persuader que, effectivement, j'étais un gros nul, bigleux, moche, dont personne ne voulait. Une sale victime. Complètement inutile.

Ça m'aurait fait du bien d'en parler, mais à qui ? Qui pouvait comprendre, qui pouvait entendre ? Même à Younès, avec qui j'étais resté en contact par MSN, et avec qui je jouais régulièrement en ligne, je n'ai rien osé dire. Je savais bien que jamais il ne m'aurait jugé, mais je voulais que ces moments passés avec lui restent tranquilles et joyeux. Loin de toutes les saloperies qui maculaient le reste de ma vie.

Après chaque partie, avant de déconnecter, Younès concluait notre échange de cette petite phrase miraculeuse : « On se revoit vite, promis. » Je ne pense pas qu'il ait pu imaginer à quel point elle constituait l'unique lueur d'espoir au milieu d'un avenir de plus en plus sombre.

Le seul endroit où je pouvais déposer mes mots, et le fardeau qu'ils racontaient, c'était sur le blog de Skyrock. Je m'étais créé un pseudo, Davyslam, sous la protection duquel je déversais, soir après soir, le trop-plein de mes chagrins. On me répondait, parfois. Des filles, surtout, qui m'encourageaient à tenir le coup. À ne pas me laisser faire, ni laisser mes tortionnaires me convaincre qu'ils avaient raison. Mais de temps en temps, même là-bas, un anonyme venait cracher sa haine, me dire de la fermer et me traiter, lui aussi, de grosse victime ou de sale pédé.

Moi, je n'avais qu'un objectif : continuer à assurer des résultats scolaires acceptables, voire honorables. Et tenir jusqu'à la fin de l'année, pour pouvoir, à la prochaine rentrée, repartir sur de bonnes bases dans ma nouvelle classe de cinquième.

6

Loser

J'avais secrètement espéré retourner en Tunisie pour les grandes vacances, après cette atroce année de sixième. Je rêvais de retrouver Younès, le seul vrai ami que j'avais jamais eu dans ma vie, mais ça n'a pas été possible.

C'est à cette période que Maman a rencontré Richard, un ancien militaire de Senlis. Nous avons donc passé l'été à faire connaissance. Il était très gentil avec ma mère, et aussi avec moi, même si la situation était assez délicate pour lui : Richard avait un fils du même âge que moi, dont un divorce difficile le privait. C'était sûrement bizarre, pour lui, de s'occuper de moi alors qu'il ne pouvait pas le faire pour son propre fils. Dans ces conditions, nous avons respecté, tous les deux, une sorte de distance de sécurité. Il prenait soin de ma mère à sa manière, mais moi je ne perdais pas de vue que c'était mon rôle de fils de la protéger, de veiller sur elle, et de faire en sorte que sa vie soit la moins compliquée possible.

Je n'avais pas changé d'avis à propos des beaux-pères : on ne sait jamais combien de temps ils vont rester. La preuve, Ismaël avait bien fini par s'en aller. Si Richard partait à son tour, moi je serais toujours là pour elle. De toute façon, je ne voulais pas d'un autre père que le mien, même si je ne voulais plus de mon père, qui continuait à me trimballer d'une fiancée à l'autre sans jamais se demander de quoi j'avais besoin.

Le jour de la rentrée en cinquième, j'étais terrorisé. La simple idée de retrouver le club des cinq et sa clique, même s'ils n'étaient plus dans ma classe, me glaçait le sang. J'avais bien tenté quelques efforts vestimentaires, et changé mes lunettes rondes pour un modèle moins « Harry Potter », mais je savais que pour eux, ça ne suffirait pas. Mon acné était en pleine floraison, je commençais à muer et, malgré un bon pic de croissance, je n'aurais jamais la carrure d'athlète qui aurait pu calmer leurs ardeurs. Ma seule planche de salut, et j'y comptais fermement, c'était de me retrouver dans une classe qui ne me connaissait pas, pour me faire une nouvelle réputation.

Je ne sais pas comment j'ai pu imaginer que ça serait possible. J'étais tellement seul, et tellement englouti dans mes ennuis, que je n'avais pas du tout observé, ni réalisé, que les classes étaient constituées pour toute la durée de la scolarité au collège : les sixièmes 1 devenaient les cinquièmes 1, puis les quatrièmes 1 et les troisièmes 1. Les profs changeaient – et encore, pas tous, Monsieur A restait l'unique et immuable prof de foot du collège – mais pas les élèves.

— Ah, la binocle ! T'as changé de lunettes mais pas de tronche. T'es toujours aussi moche.

— T'as pas pris des vacances de nullité, on dirait.

— Ben ? Tu t'es pas noyé dans une piscine ?

J'ai compris que l'année allait être très, très difficile. Au fur et à mesure que je les retrouvais, je découvrais que, comme moi, ils avaient bien poursuivi leur croissance pendant les vacances. La plupart d'entre eux faisaient désormais deux fois ma taille et trois fois mon poids. Ma seule échappatoire – j'ai honte de le dire, mais c'est vraiment ce que j'ai pensé – aurait été qu'un nouveau encore pire que moi fasse son apparition dans la classe pour devenir souffre-douleur à ma place. Ou alors un autre Younès, qui surviendrait comme un superhéros pour lutter avec moi, à la vie à la mort, contre cette horde de sauvages.

Évidemment, rien de tout ça n'est arrivé, et ce que je craignais s'est produit. En pire...

En quelques semaines, ou même plutôt en quelques jours, ils ont pris le pouvoir. La cinquième 1 est devenue « la » classe difficile du collège. Quasiment tous les professeurs ont été débordés face à ces adolescents sportifs et immatures aux manettes de leurs grands corps d'hommes. Chaque cours était une corrida, un carnaval, un match de catch. Ça criait de tous les côtés. Je me souviens de lancers de tabourets dans la classe de Monsieur P, prof d'arts plastiques tout proche de la retraite, complètement dépassé. Et de la dureté à mon égard de Monsieur G, prof de maths, qui compensait son incapacité totale à maîtriser les fauves en exerçant sur les faibles une autorité féroce.

Je n'étais pas le seul du collège à traverser un enfer – ou du moins un enfer visible par tous, y compris les adultes chargés de veiller sur nous. Dès ma première rentrée j'avais repéré Mélanie, dans la cour de récré. Elle, elle était en sixième 4. Mal fagotée, mal coiffée, mal arrangée ; elle passait sa vie le nez dans ses bouquins. En y repensant, je pense qu'elle était surdouée, et être surdouée, dans un collège ordinaire, c'est une très mauvaise idée. Ils l'appelaient « l'intello », la malmenaient, comme moi, et l'obligeaient à faire les devoirs de tous les cancres de la classe.

Je pense qu'elle m'aurait compris, elle. Et peut-être même nous serions-nous appréciés ? Mais nous savions tous les deux que la pire chose qui puisse arriver à une « grosse victime », c'est de faire la paire avec une autre « grosse victime », et de risquer ainsi de multiplier par deux le nombre d'agresseurs – sa classe plus la mienne – et leurs charges. Nous nous sommes donc croisés, Mélanie et moi, pendant ces quatre années en nous gardant bien, l'un comme l'autre, de nous connecter d'une quelconque façon.

Je ne supportais plus les cris, les bousculades, le bruit incessant. Je rêvais de silence et de tranquillité. Je rêvais qu'on m'accorde une trêve, de temps en temps. Un moment, un espace où je ne serais plus sous leurs regards impitoyables qui ne me lâchaient jamais. Je n'en pouvais plus d'être sans arrêt jugé. Raillé, pris à partie, bousculé. Malmené. Harcelé.

Je pouvais toujours rêver. Sans l'intervention radicale d'une autorité supérieure et efficace, ce genre de meute, quand elle tient une proie, ne la lâche pas. Jamais. Au contraire, la pression s'est intensifiée. Je pense que je n'ai jamais touché un ballon durant toute cette année de cinquième, sauf pour les ranger à la fin de l'entraînement, sous le regard indifférent de Monsieur A. Je courais, je courais, sans qu'on ne me fasse jamais aucune passe ; c'était même devenu un jeu pour eux de m'éviter sur le terrain.

Ou alors j'attendais sur le banc de touche, en redoutant à l'avance ce que je trouverais au vestiaire, une fois sifflée la fin du cours. Il n'y avait pas de suspens, pourtant : vraisemblablement mon sac aurait été fouillé, dévasté et dépouillé de ses maigres trésors – une barre de céréales, un paquet de gâteaux… Ils ne me respectaient pas, pourquoi auraient-ils respecté mes affaires ?

Je ne pensais pas que ça pourrait être pire. Je me trompais. Le pire est venu, au fil de l'année, à l'arrêt de bus, après le cours de foot. Même si je me dépêchais en espérant attraper un bus avant qu'ils arrivent, c'était rare que j'y parvienne. Nous nous retrouvions donc là, à attendre, sans la présence d'aucun adulte.

— T'as pas encore compris que t'es un gros loser, la binocle ?

— Tu sers à rien, sale pédé.

— Arrête le foot. Tu joues comme une merde.

Je ne répondais rien, jamais. Qu'aurais-je pu répondre ? Ils étaient les plus forts, et les plus nombreux. Ils le savaient. Ce que je voulais, moi, c'était surtout ne pas mettre la moindre goutte d'huile sur leur feu. Ne pas leur donner le moindre mot, la moindre information qu'ils auraient inévitablement retournés contre moi. Je voyais bien que mon manque de réaction les exaspérait, tous. Mais je savais que mes réactions, quelles qu'elles soient, n'auraient fait qu'alimenter leur agressivité. J'étais complètement piégé...

Et puis un jour le plus costaud d'entre eux s'est avancé vers moi, l'air mauvais. Il m'a regardé droit dans les yeux et m'a dit très lentement, en détachant chaque syllabe :

— Si tu remets les pieds sur le terrain, t'es mort.

Je sais bien que c'est stupide, mais je l'ai cru. Je savais, je pensais, je croyais qu'ils étaient capables de me tuer, et qu'ils allaient finir par y arriver. À partir de ce jour-là, chaque fois que je partais au collège, une partie de moi était persuadée que je partais vers ma mort.

Et tout a dégringolé dans ma vie. Ils avaient raison. Je suis devenu exactement ce qu'ils disaient que j'étais : nul en foot, nul à l'école, nul en tout. Je n'avais plus confiance en moi, ni en aucun prof, ni en aucun adulte. Je n'avais plus confiance en rien.

Évidemment, mes résultats scolaires se sont effondrés. Sur mes bulletins, tous les professeurs se sont fendus de remarques de plus en plus désobligeantes : *Devrait se mettre au travail. N'est jamais concentré. Il est grand temps de réagir*... sans qu'aucun ne s'inquiète des raisons de ce fiasco. Et pour cause : tous étaient les témoins, impuissants ou indifférents, de ma situation dans la classe.

La palme d'or revient bien entendu à Monsieur A, qui, sur mes bulletins, osait sans vergogne se désoler que je « *ne participe pas* », et me reprocher de ne pas être « *attentif* »...

À part Younès, qui avait pris dans mon cœur la place d'ami idéal, mais qui n'était pas là, et même bien loin de moi, la seule personne en qui je croyais encore, et qui croyait en moi, c'était ma mère. J'ai utilisé tout ce qui me restait de force et d'énergie pour lui cacher l'enfer dans lequel j'étais désormais enfermé. Même si Richard veillait aussi sur elle, j'étais certain que c'était mon rôle à moi, l'homme de la maison, de la protéger. Ou, au moins, de lui épargner un souci supplémentaire, elle qui avait eu une vie si difficile depuis que mon père nous avait jetés dehors.

Sur ce point-là au moins, je ne me suis pas trop mal débrouillé : elle n'avait aucune idée de ce que j'étais en train de vivre. Bien sûr que si elle en avait été informée, par moi ou – on peut toujours rêver – par l'un de mes professeurs, elle m'aurait immédiatement sorti de ce cauchemar, comme elle l'avait déjà fait en me changeant d'école après mon CE2. Mais là, comment pouvait-elle savoir ? Elle a mis mes mauvais résultats sur le compte d'une bonne grosse crise d'adolescence et a fait comme elle faisait depuis toujours pour me rendre la vie plus douce. Elle me glissait quelques euros dans la poche pour que je m'achète une glace en sortant du collège. M'offrait le CD de tel ou tel chanteur que j'aimais bien. Se blottissait avec moi dans le canapé pour qu'on regarde ensemble la « Star Academy »...

À la fin de cette année de cinquième, dont elle avait bien senti qu'elle avait été une épreuve pour moi, elle a cassé sa tirelire et nous sommes repartis, tous les deux, dans un club de vacances en Tunisie. Elle aurait pu organiser le séjour avec les parents de Younès, mais les liens qu'ils avaient tissés lors de notre séjour à Monastir s'étaient distendus, comme souvent les amitiés de vacances. Elle m'a donc embarqué pour Djerba, avec la ferme intention de me faire sortir de ma coquille et de faire en sorte que je profite à fond de cette pause estivale.

Pour commencer, j'ai enfin achevé là-bas ce que j'avais entrepris deux ans plus tôt avec Younès : en trois jours, je savais nager ! J'étais assez fier de moi, j'avais l'impression que c'était la première chose que je réussissais depuis des mois. Fort de ce petit filet de confiance retrouvée, je me suis jeté dans les vagues avec plaisir et détermination. Jusqu'à ce que je rencontre une méduse. Panique, hôpital, urgences…

À peine commencées, mes vacances de plage étaient terminées. J'ai traîné jusqu'à la fin de notre séjour une jambe gonflée et douloureuse, mais surtout une peur panique de remettre les pieds dans l'eau et la conviction qu'ils avaient raison : j'étais vraiment un loser. Même en vacances, et même quand ils n'étaient pas là pour le constater…

Mais si c'était ça la vie, une série d'emmerdements ininterrompue, sans aucun moment de répit, est-ce que c'était bien la peine de continuer ? Après ces vacances ratées, je savais ce qui m'attendait : le retour en enfer, pendant toute une année scolaire. Comment avoir envie de quoi que ce soit dans cette perspective-là ?

J'ai traîné mes idées noires, très très noires même, jusqu'au dîner de la soirée de clôture de notre séjour. Le thème, c'était "concours de danse". Tous les candidats qui en avaient envie pouvaient venir s'affronter sur scène pour essayer de décrocher le trophée du meilleur danseur de la semaine.

Je ne sais pas ce qui m'a pris, j'y suis allé. Moi, le loser, la binocle, le boutonneux, le nul qui sert à rien. Je suis monté sur scène devant tous ces inconnus. En débardeur, short et sandalettes, j'ai affronté leurs regards et leurs jugements, comme un warrior. Je me suis déchaîné sur Magic System, n'importe comment, sans m'en soucier un seul instant, et j'ai senti dans tout mon corps ma liberté reprendre le pouvoir. J'ai senti mon fardeau disparaître. J'ai senti que j'étais vivant et que je voulais le rester.

Quand j'ai entendu les applaudissements, j'étais sidéré. La musique s'est arrêtée, les autres concurrents sont redescendus de la scène mais moi je restais là, ébahi de ce que je venais de faire et d'éprouver. Je serais resté sur ce plateau des heures et des heures, si l'animateur ne m'avait pas gentiment poussé vers la sortie !

Dans ma tête, une fenêtre s'était ouverte : c'était ça que je voulais faire. C'était là que je voulais être. Sur une scène, devant un public...

La fenêtre s'est refermée, presque immédiatement. Le lendemain nous avons redécollé pour la France, et quelques jours plus tard, sans aucune illusion cette fois-ci, j'ai repris le chemin de l'enfer.

7

Cauchemars

Dès la rentrée en quatrième 1, tout a repris de plus belle. Mon lynchage quotidien s'est enrichi de quelques brimades supplémentaires. Comme, par exemple, devoir utiliser mon argent de poche pour payer des glaces à ceux qui le demandaient. Et puis aussi être obligé de piquer des cigarettes dans les paquets de Richard pour leur en fournir. Et enfin, tant qu'on y était, voler de l'agent dans le porte-monnaie de ma mère : cinq euros, puis dix euros…

— Si tu les ramènes pas, tu passes pas la porte du collège.

— Ou alors, tu mangeras plus jamais à la cantine.

J'ai obtempéré un moment, et puis j'ai fini par dire non. C'était insupportable, pour moi, de devenir, en plus de tout le reste, un sale voleur et de devoir trahir Richard et ma mère.

J'ai dit non, et je n'ai plus jamais mangé à la cantine, au moins les jours où eux y étaient. J'avais beau m'installer tout seul dans un coin, immanquablement, l'un d'entre eux passait si près de mon plateau qu'il y renversait une carafe d'eau. Une fois. Deux fois. Dix fois, sous le regard absent du surveillant. La onzième fois, quand j'ai osé aller m'en plaindre, il m'a répondu :

— Tu t'installes toujours trop près de la fontaine. Trouve-toi une autre place, et ça n'arrivera plus !

J'ai fini par me trouver une autre place : sur le parking du Carrefour d'à côté, où j'allais m'acheter en douce un sandwich que je mangeais en guettant avec inquiétude le moment où ils me trouveraient là aussi, pour me piquer mon déjeuner ou l'argent qui me servait à l'acheter.

C'est cette année-là également qu'a débarqué sur le terrain de foot le jeu du petit pont. Les règles sont très simples et très brutales : il s'agit de faire des passes au pied, très rapides, en essayant de glisser le ballon entre les deux pieds d'un joueur. Et celui qui a le malheur de laisser passer le ballon entre ses pieds est roué de coups par tous les autres sans pouvoir protester, puisque c'est son gage.

Naturellement, moi qui n'avais jamais le droit de participer à aucun jeu avec eux, j'étais réquisitionné, sans possibilité de me dérober, pour « jouer » à celui-là. Je me retrouvais piégé, gringalet que j'étais au milieu de leurs corps de plus en plus sculptés, et toute ma dextérité et ma rapidité n'y suffisaient pas : je finissais toujours par prendre le gage…

Une fois où ils m'avaient fait si mal que je suis allé le signaler à Monsieur A, censé être responsable de ce qui se passait sur son terrain de foot, il a levé les yeux au ciel.

— C'est bon, Marving, fais pas ta chochotte. C'est juste un jeu.

« Juste un jeu » qui a permis à mon épaule d'explorer toutes les couleurs de l'arc-en-ciel, du rouge au noir, en passant par d'innombrables nuances de vert et de bleu, jusqu'à ce que l'énorme hématome causé par le « gage » se résorbe…

Pour toutes ces raisons, j'ai commencé à déployer des trésors d'ingéniosité pour sécher les cours. La première méthode, très classique et bien connue des élèves du monde entier, consiste à simuler un problème de santé qui me cloue au lit. Mal à la tête, mal au ventre, mal au dos, mal aux dents, tout y est passé, jusqu'à ce que ma petite Maman mette les choses au point.

— Mais enfin, Lipizou, qu'est-ce qui t'arrive ? Il y a un problème au collège ?

— Ben non, il n'y a pas de problème, mais j'ai trop mal au ventre. J'ai dû attraper une gastro...

— Arrête de me prendre pour une imbécile, vendredi dernier tu avais mal à la tête. Qu'est-ce qui se passe le vendredi ? C'est pas le jour où tu as foot ?

— Si.

— Et tu as des problèmes, au foot ?

— Non.

— Tu es sûr, mon fils ?

— Mais oui. J'ai juste mal au ventre, je te dis.

— Non parce que si tu as de nouveau des problèmes, moi je vais voir ton prof et on trouve une solution, hein ?

— Non, Maman, je t'assure, tout va bien.

— Il s'appelle comment déjà, le prof de foot ?

— Il s'appelle pas. Tu l'appelles pas. S'il te plaît, Maman, c'est juste un truc que j'ai mangé et qui passe pas...

La fois d'après, elle s'est vraiment mise en colère.

— Marving, je ne supporte pas que tu me prennes pour une idiote...

Elle avait raison. Je ne la prenais pas du tout pour une idiote, mais je lui mentais outrageusement et ça la blessait.

— Tu vas au collège, un point c'est tout.

Il a fallu que je trouve d'autres stratagèmes. J'ai donc appris à imiter son écriture, pour fabriquer des mots d'excuse à tire-larigot. Cette année-là, il y a eu un nombre incroyable de décès dans ma famille, de pannes de voiture intempestives, d'urgences médicales…

Comme je ne pouvais pas toujours rester à la maison – elle travaillait mais elle s'en serait rendu compte –, j'allais m'installer sur un tronc, dans la forêt de Chantilly. Les écouteurs vissés dans mes oreilles, je passais des heures à me shooter aux chansons les plus tristes de Grégory Lemarchal ou de Diam's :

Si seulement t'étais là papa
Si seulement je ne t'en voulais pas papa
J'serais comment si t'étais là papa ?
J'sais pas, il y a des questions auxquelles on ne répond pas[1]

J'essayais de ne penser à rien. Mais c'est difficile, de ne penser à rien.

1. *Daddy*, Diam's in *Brut de femme* (2003)

Il aurait pu m'arriver n'importe quoi dans ces bois, mais j'avais bien moins peur des rôdeurs que de mes harceleurs... Quand je réapparaissais au collège, personne ne se préoccupait de moi. Aucun prof ne s'inquiétait de savoir comment j'allais, ni ce qui m'était arrivé. Comme s'ils ne s'étaient même pas rendu compte que j'étais absent. Comme si ma présence ne comptait pas pour eux. Comme si je n'existais pas. Ils prononçaient mon nom au moment de l'appel, je répondais « présent », et après je devenais invisible. Un fantôme. Un rien...

Je n'ai pas séché seulement les cours : cette année-là, j'ai aussi décidé de sécher les week-ends chez mon père. La première fois, je l'ai prévenu.

— Je t'appelle pour te dire que je ne me sens pas très bien, je vais pas pouvoir venir.

— Qu'est-ce qui t'arrive ? T'es malade ?

— Je sais pas, j'ai besoin d'être seul.

— OK.

Il n'a pas cherché plus loin. Sans doute que ça l'arrangeait, lui aussi, de ne pas m'avoir sur le dos. Les fois suivantes, j'ai servi la même explication, avec le secret espoir qu'il saurait déchiffrer le SOS :

— J'ai besoin d'être seul...

Ce n'était pas d'être seul dont j'avais besoin. C'était d'un père, solide et attentif ; un garde du corps qui aurait trouvé comment me mettre à l'abri de mes agresseurs. Mais naturellement, il n'a rien déchiffré du tout. Mon explication lui a suffi. Et moi, son indifférence m'a suffi pour en déduire que, exactement comme pour les profs, et pour tout le reste du monde, ma présence ne comptait pas pour lui.

J'ai fini par ne même plus le prévenir. Les week-ends où je devais être chez lui, je n'y allais pas, et il ne s'en inquiétait pas. Au moins, les choses étaient claires…

C'est à ce moment-là que je me suis aussi mis à faire un horrible cauchemar récurrent. C'était toujours la même scène : je me dirigeais vers les vestiaires du terrain de foot. J'étais seul, tout était calme, ils avaient tous disparu. Je poussais la porte pour entrer, et une fois la porte refermée ils surgissaient de partout pour se jeter sur moi et m'étrangler. Ils me serraient le cou fort, fort, fort et je me réveillais complètement asphyxié, en sueur et en pleurs.

Une fois, même, j'ai poussé un énorme cri et Maman a déboulé dans ma chambre pour voir ce qui m'arrivait.

— Qu'est-ce qui se passe, Loulou ? Tout va bien ?

— Oui, oui, t'en fais pas. C'est juste un cauchemar…

Encore un mensonge. Ce n'était pas « juste un cauchemar », c'était un vrai cauchemar ; mon cauchemar. Plus on avançait dans l'année, plus je pressentais qu'il allait se passer quelque chose de grave, même si je ne savais pas quoi.

J'allais toujours plus mal. Je m'enfonçais dans une solitude de plus en plus profonde, comme on s'enfonce et se perd dans une forêt dense, inquiétante. Je passais des journées entières dans la forêt, sans parler à personne. Quand je pouvais rester à la maison, je m'allongeais sur mon lit, dans le noir, sans rien dire et sans rien faire.

Je n'avais plus de mots, pour rien.

J'ai arrêté de regarder la télé. Même la « Star Ac ». Même les matchs de foot. Plus rien ne pouvait me détourner du gigantesque trou noir qui était en train de m'aspirer.

J'étais vraiment au bout du rouleau. Même les longs textes que je postais sur mon blog pour vider mon sac et tenter de me débarrasser de toute cette noirceur ne me soulageaient plus. En écoutant en boucle une chanson de Grégory Lemarchal, j'ai commencé à me dire que la seule solution, c'était que tout s'arrête.

À corps perdu, ivre et sans fard
Pour n'être plus le pantin d'un espoir
Et si la vie n'est qu'une cause perdue
Je partirai libre d'y avoir au moins cru[1].

Puisque je ne pouvais rien maîtriser de ce qui se passait au collège, ni dans le reste de ma vie ; puisque ma présence, et même mon existence, ne comptait pour rien ni pour personne, c'était peut-être mieux que je n'existe plus.

Je me suis mis à chercher, sur Internet, comment je pourrais me débrouiller pour en finir une bonne fois pour toutes. Sauter d'un pont, me glisser sous les roues d'un train, ou bien alors m'envoler dans mon sommeil, gavé de médicaments…

Les grandes vacances sont arrivées, comme un répit qui me sauvait la vie. Très provisoirement : je savais pertinemment qu'il était plus que probable que cette atroce année de quatrième ne soit que la bande-annonce d'une année de troisième encore plus effroyable.

1. *À corps perdu*, Grégory Lemarchal (2005)

8

Seul

J'ai abordé cette dernière rentrée au collège avec quelques bonnes résolutions : j'ai essayé d'améliorer un peu mon look, et j'ai décidé de ne plus me couper du monde en écoutant ma musique. Et même, si possible, de m'intégrer dans les jeux collectifs organisés par les élèves des autres classes pendant les récréations. Peut-être que comme ça, je pourrais enfin me faire un ou deux copains ?

Copains, c'est un bien grand mot. Disons qu'en ma qualité de troisième, et quand les barbares de ma classe étaient occupés ailleurs, j'ai pu participer à quelques parties de basket ou de babyfoot sans être sans arrêt malmené. Mais d'ici à dire que je me suis fait des potes... J'en étais incapable, je crois : je ne savais pas comment m'y prendre. Et puis j'étais tellement persuadé de ma nullité que je trouvais logique que personne n'ait envie de tisser des liens avec moi.

Quelqu'un, pourtant, s'est approché. Comme un petit miracle inespéré, une élève d'une autre troisième, Lisa, a semblé s'intéresser à moi. C'était une grande première : j'étais enfermé dans une classe sans filles et, bizarrement, même à l'école primaire, avant qu'il soit question de quelconques histoires d'amour, je n'avais jamais eu de copines, de toute ma vie. Ni, d'ailleurs, jamais aucune complication avec les femmes ou les filles ; mon problème à moi, c'était les garçons. Et plus spécialement, les petits ou grands mâles qui s'imposaient par la force et la brutalité, et puis trahissaient, comme mon père.

À ma grande surprise, Lisa m'a fait comprendre que je ne la laissais pas indifférente, et toute ma vie en a été transformée. J'avais enfin une bonne raison d'aller au collège. Un projet. Une alliée. Quelque chose à espérer. Il y avait enfin quelqu'un pour qui je comptais. Quelqu'un aux yeux de qui je n'étais pas « rien ». Et même, aimable, peut-être...

Je me suis engouffré dans cette histoire comme un affamé s'engouffrerait dans une pâtisserie. Pour une fois je me sentais, enfin, un peu « normal ». Lisa et moi, on se croisait dans la cour, de temps en temps on déjeunait ensemble à la cantine, sous les gloussements de ses copines et des crétins de ma classe. J'avais décidé de m'en foutre, de considérer que ça faisait partie du jeu : c'est souvent stupide, les ados, dès qu'il s'agit de sentiments.

Je lui écrivais des poèmes, que je ne lui donnais pas parce que j'avais peur d'être ridicule. On se prenait la main, un peu. Et on s'est même embrassés derrière le préau. Mon premier baiser… Ça faisait rire les autres.

— Oooohhhh, comme ils sont mignons !

— À quand le mariage ? Plein de bonheur à vous.

Moi, j'étais étonné qu'ils se réjouissent de la première bonne chose qui m'arrivait depuis toutes ces années passées dans ce collège.

J'ai commencé à déchanter quand Lisa m'a demandé, de plus en plus souvent, de lui donner un peu d'argent pour acheter une glace ou un gâteau ; de rapporter des cigarettes piquées dans le paquet de Richard, alors qu'elle ne fumait même pas.

— C'est pour mes copines.

Et puis d'éviter de lui prendre la main devant les autres, ou d'essayer de l'embrasser en public. J'ai réalisé que souvent, quand on était ensemble, sa bande de copines et de copains n'était pas loin, et qu'elle leur jetait de nombreux regards complices.

J'ai compris qu'ils étaient au courant de choses qui auraient dû rester entre elle et moi. Et que finalement, il n'était pas certain que je puisse vraiment compter sur elle. Ni que je compte vraiment pour elle...

Heureusement, si je m'étais jeté à cœur perdu dans cette histoire, je m'étais bien gardé de m'y livrer corps et âme. Lisa ne savait rien de mes chagrins. Je ne m'étais pas ouvert à elle à propos des blessures profondes qu'avaient creusées en moi ces années de harcèlement. Je n'avais pas non plus raconté la trahison de mon père, les humiliations de l'école primaire, mon désespoir déversé sur le blog sous couvert de Davyslam. Mes envies d'en finir, pour que ça s'arrête.

Du jour au lendemain, Lisa ne m'a plus adressé la parole. Ça a semblé réjouir infiniment ses copines, et ses copains de ma classe. Et j'ai compris que toute cette histoire n'avait été qu'une mascarade ; un jeu grandeur nature ourdi par l'éternelle même horde, dont j'étais le gage : « Si tu fais croire à l'autre crétin que tu es amoureuse de lui, tu fais partie de la bande. » Chaque baiser lui faisait gagner des points. Les cigarettes et les euros, c'était pour eux.

La jolie trêve que je croyais vivre était en fait un sordide traquenard. Une machination pour m'humilier encore et toujours plus. Et pour me convaincre qu'il était impossible que j'aie une quelconque valeur, aux yeux de qui que ce soit.

J'ai cru que j'allais mourir. D'ailleurs, la semaine d'après, j'ai trouvé mon casier fracturé, et dedans, sur la feuille arrachée d'un cahier, ce message on ne peut plus clair : « *si tu reviens en cours, t'es mort. Signé : toute la classe* ».

Toute la classe. Toute la classe, sans exception, voulait que je disparaisse. À l'unanimité.

Je suis retourné cacher ma honte et mes larmes dans les bois. J'ai arrêté de prendre le bus, pour ne plus les croiser. Maman me déposait le matin, et je rentrais à pied. Parfois immédiatement, sans même franchir les grilles du collège.

Il y a eu ce jour où nous avions un atelier d'informatique au CDI et où je n'ai jamais pu, de toute la journée, accéder à un ordinateur. Il y a eu ces « autoportraits » de calculatrice, de Harry Potter, et puis aussi de singe, posés sur mon bureau, par dizaines. Il y a eu ces bousculades de plus en plus mauvaises, de plus en plus violentes, dans les couloirs et dans la cour. Cette espèce d'excitation du groupe face à ma détresse, et la sensation que rien ne pourrait les arrêter, jamais.

Ils m'avaient prévenu, et je les croyais : l'étape suivante, après l'immonde mascarade de Lisa, serait atroce et sanglante.

J'attendais le couperet, en essayant de trouver le courage, sans y parvenir, d'écrire moi-même le dernier acte. Puisque j'étais condamné à mort, j'aurais pu finir en beauté, en les privant du plaisir de me porter l'estocade. Mais j'étais si nul, si lâche, si insignifiant que je n'avais même pas les couilles de faire le travail moi-même. J'étais une victime, leur victime, et c'était eux qui décideraient de l'heure et du lieu de mon exécution.

Un soir de ces jours-là, à bout de tout, terrifié de ce qui m'attendait, totalement ravagé par la peur et le désespoir, j'ai écrit un texte sur mon blog qui sonnait comme un testament.

Seul

Petit homme ordinaire qui sort du lot
Une tête en l'air ravagée par vos mots
Les joues en feu, les larmes aux yeux

La main tremblante, le teint vitreux.
Chaque soir dans mon lit je crie à l'aide
mais personne répond
À force d'être seul et sans personne
je tombe dans la dépression.
Tellement peur de souffrir
que je profite plus de rien
Qu'il est froid ce sourire,
car je n'ai plus le mien.
Vos mots me frappent,
me cognent, m'épuisent
Dans un tourbillon d'insomnie
je finis ma chute.
Vous m'avez critiqué, épuisé, amoché

Maintenant je veux le silence
et pour l'éternité...
J'ai choisi la liberté
Je veux rejoindre les miens
pour me sentir aimé.

C'était une question de jours. D'heures, peut-être. Tout ça allait bientôt se terminer.

9

Dernier match

C'était un jeudi. Ce jour-là, je restais à la cantine, parce que le surveillant du jeudi était un grand balaise, basketteur tranquille et imposant auquel même les plus énervés évitaient de se frotter. Du coup, je pouvais manger en paix et même faire un peu de basket après le repas sans que ce soit trop risqué pour moi.

Cette semaine, un peu avant les vacances de Pâques, le pion du jeudi avait organisé un petit tournoi de basket avec les volontaires. Comme d'habitude, personne ne m'avait choisi dans son équipe et j'avais été assigné, par défaut, à l'équipe la moins complète, sous les soupirs des autres joueurs.

Je m'en fichais, je jouais. Ça me faisait du bien de faire partie d'un groupe, de participer à quelque chose, de me concentrer sur un objectif. Les deux équipes étaient de force à peu près égale, et le match était très équilibré. On se tenait dans un mouchoir de poche. À quelques instants de la fin du match, je me suis retrouvé à récupérer une passe décisive, pour faire LE tir qui signerait score final. J'ai vu les visages de plusieurs de mes coéquipiers se défaire quand ils ont compris que c'était sur moi, le gros nullard, que reposait l'issue de la partie.

Un joueur de l'équipe adverse, membre actif des suiveurs du club des cinq, s'est esclaffé haut et fort :

— Vous en faites pas, les gars, il en touche pas une.

J'ai senti la panique me gagner. Le mec qui m'avait fait la passe, un autre élève de ma classe, a eu le temps de hurler :

— Déconne pas, la binocle. Si tu le rates, je te défonce.

Je tremblais de tout mon corps. J'ai tiré. Et je l'ai raté. Le pion a dû intervenir pour calmer les hurlements de victoires des uns, et les insultes à mon égard des autres.

— Oh ! Du calme, les gars, c'est la loi du sport, y a toujours un gagnant et un perdant.

— Perdant, mon cul, oui ! Si l'autre débile savait viser, on aurait gagné.

— Il sait viser, mais là il s'est planté. Ça arrive...

— Ouais, ben, ça arrivera plus, c'est moi qui vous le dis.

J'ai passé le reste de la journée à me faire insulter, autant par les gagnants que par les perdants – allez y comprendre quelque chose – à propos de ce tir raté. M'auraient-ils vénéré si je l'avais réussi ? Ça m'étonnerait beaucoup...

Le lendemain à midi, en sortant du self, toute la bande était là : le club des cinq et sa clique, une bonne douzaine de grands courageux. Avant même de réaliser ce qui m'arrivait, j'étais cerné.

— Alors, gros connard, on se met au basket maintenant ?

— Basketteur de mes deux, t'as pas compris que t'es un joueur de merde ?

— On veut plus de toi, tu piges ? Ni au foot, ni au basket, ni nulle part.

— On veut plus voir ta sale gueule de victime.

Ils m'ont attrapé, m'ont traîné jusqu'aux toilettes et m'ont roué de coups. Exactement comme huit ans plus tôt, en CE1, sauf que là c'étaient tous des hommes.

Je ne me suis pas défendu. Me défendre contre quoi ? À un contre quinze, je n'avais aucune chance. Je me suis laissé glisser par terre, au milieu des lavabos, et je me suis roulé en boule. J'ai protégé mon visage, mes lunettes, mon ventre et j'ai attendu, attendu, attendu que ça passe. Une éternité.

À un moment, ça s'est arrêté. Le plus enragé d'entre eux m'a envoyé un dernier coup dans les côtes, pour être sûr que j'aie bien compris.

— Écoute-moi bien, espèce de larve. On veut plus te voir dans un match. Jamais.

— Sinon, t'es mort.

J'ai attendu qu'ils soient tous partis pour me mettre à pleurer. J'ai ramassé mes affaires, j'ai séché l'entraînement de foot et je suis rentré chez moi.

Le lendemain, j'avais mal partout, le dos et les jambes couverts de bleus. Je n'ai rien dit à ma mère. Je n'ai rien dit à Richard, non plus. Il aurait compris, sûrement, et peut-être même qu'il aurait pu m'aider ; après tout, c'était un ancien militaire, qui avait fait la guerre. Il savait ce que c'était, le combat, les ennemis, l'attaque et la défense. Mais c'était trop tard pour traverser la zone qui nous séparait, lui et moi. Depuis bientôt quatre ans qu'on se côtoyait, on s'était installés dans une distance que je ne songeais pas à franchir. Que je n'aurais jamais osé franchir, même dans ce cas d'extrême urgence.

Et puis, qu'est-ce que j'aurais pu dire ? Je savais très bien que si je racontais ce qui m'était arrivé, ma mère ferait toute une histoire au collège et que ça me retomberait dessus, c'était sûr. J'avais une peur incontrôlable des représailles.

La prochaine fois, qu'est-ce qui les arrêterait ? C'est sûr, ils allaient finir par me tuer.

Cette fois-ci j'étais décidé : la seule issue, c'était de mourir. Soit sous leurs coups, bientôt, soit tranquillement, en douceur, chez moi, en écoutant les chansons que j'aimais. J'avais tout le week-end pour trouver le courage et le moyen de ne pas retourner au collège le lundi. Ni plus jamais de ma vie.

C'est dans cette humeur sombre et dévastée que je me suis branché sur mon blog pour déverser le tombereau de mots qui me venaient à l'esprit. Quand j'ai accédé à ma page, je n'en suis pas revenu : le texte *Seul*, que j'avais posté quelques jours plus tôt, affichait plus de cinq mille vues, et des dizaines de messages. De soutien, pour la plupart. D'encouragement, de solidarité, de compréhension, d'humanité. Et aussi des témoignages d'ados désespérés, comme moi. Qui racontaient qu'ils traversaient, eux aussi, des zones de turbulence insoutenables, au collège ou dans leur famille ; et même dans les foyers où ils avaient été placés, parfois.

J'ai passé le week-end à les lire, et à regarder le compteur s'emballer : huit mille vues, dix mille, douze mille vues… J'ai découvert des histoires de trop gros, de trop maigres, de trop roux, de trop bègues, de trop petits, de trop malades, de trop laids, de trop noirs… Toutes étaient avant tout des histoires de « trop seul·es ». Comme moi.

Certains me disaient que mon texte, posté un soir de désespoir, les aidait à ne pas lâcher. Ils ne savaient pas que leurs messages, découverts ce week-end précis, étaient en train de me sauver la vie.

Et si, finalement, je servais quand même à quelque chose ?

Le lundi, j'y suis retourné, une boule dans la gorge et la peur au ventre. Ils n'ont rien dit, ils n'ont rien fait ; je veux dire, rien de plus que d'habitude. Ni le mardi ni le mercredi ; je me suis dit que, peut-être, un miracle s'était produit. Qu'ils avaient compris qu'ils étaient allés trop loin, le vendredi d'avant, et qu'il était temps de déposer les armes.

Ou alors, peut-être qu'ils savaient que plusieurs milliers de personnes se reconnaissaient dans mes écrits ? Peut-être que parmi ceux qui avaient cliqué sur mon texte se trouvaient quelques-uns de mes agresseurs, que ça avait fait réfléchir ?

J'ai profité de l'accalmie, en me gardant bien, tout de même, de me porter volontaire pour les matchs de basket du jeudi.

Et le vendredi, je suis retourné à l'entraînement de foot.

À la fin du cours, je me suis dirigé avec eux vers les vestiaires. Quand la porte s'est refermée, ils me sont tombés dessus, tous. Exactement comme dans mon cauchemar.

— On t'avait dit de pas revenir, ducon.

Ça a recommencé, comme la semaine d'avant, mais à coups de crampons. Ils m'ont tabassé avec leurs chaussures à crampons. Roulé en boule sur le carrelage, je les sentais cogner, cogner, cogner. Je n'étais plus qu'une douleur. Une terreur, et une douleur.

Quand je me suis relevé, j'ai senti tout de suite qu'il y avait un problème avec mon bras. Le gauche, qui avait déjà été cassé huit ans plus tôt. Il me faisait atrocement mal et il avait une forme horrible, je n'osais même pas regarder. Je sentais, comme en primaire, des frissons électriques le parcourir de haut en bas. Je suis sorti comme j'ai pu, pour aller trouver Monsieur A.

— Je suis tombé.

— Fais voir ?

J'ai fait un pas de côté, pour qu'il ne me touche pas. J'ai vu à son regard que cette fois-ci, c'était grave.

10

Avenir

Monsieur A m'a emmené à l'infirmerie. L'infirmière a appelé les pompiers, et ma mère. On est partis en ambulance aux urgences de l'hôpital de Creil. Là, on m'a opéré in extremis : l'artère était touchée, le bras n'était plus irrigué, à une demi-heure près il était foutu.

Je ne l'ai pas perdu entièrement, mais je l'ai bien perdu quand même. Poignet et coude fracturés, tout l'avant-bras déplacé et remonté presque jusqu'à l'épaule. Heureusement qu'il m'a servi à protéger ma tête : si j'avais reçu dans le crâne les coups si violents que j'ai pris dans ce bras, je ne sais dans quel état je serais aujourd'hui.

Les jours qui ont suivi mon agression, je ne me souviens de rien. Et à propos des années qui ont suivi, je continue souvent à tout mélanger.

On m'a opéré le bras et le poignet, plusieurs fois. Je suis resté longtemps à l'hôpital, complètement dans le coaltar, sans parler à personne. Je n'avais pas dit ce qui s'était passé. La version officielle, c'est que j'étais tombé. Mais si, lentement, mon bras allait mieux, moi j'allais de plus en plus mal.

Maman a fini par s'inquiéter vraiment et, à force de me questionner, elle a réussi à me faire craquer.

J'étais rentré à la maison depuis quelques jours quand j'ai enfin eu le courage de lui parler.

— Tu sais, Maman, je ne suis pas tombé.

— Mais comment tu t'es fait ça alors ?

— C'est les gars de ma classe. Ils m'ont tabassé.

— Ils t'ont quoi ?

Et là, je lui ai tout raconté. Les insultes, les brimades, la peur, les menaces. Le premier passage à tabac, dans les toilettes, après le match de basket. Et puis le vendredi suivant, quand ils m'ont massacré avec leurs chaussures à crampons. Même si ce que j'avais à lui dire était atroce et nous faisait mal à tous les deux, au fur et à mesure que je parlais je sentais diminuer l'énorme poids qui m'écrasait depuis si longtemps.

Elle pleurait en répétant :

— Mais pourquoi tu ne m'as rien dit ? Pourquoi tu ne m'as rien dit ?

Je pleurais aussi. J'ai expliqué la peur des représailles, que c'était impossible, dans un collège, de dénoncer ces choses-là.

— Mais je t'aurais changé de collège.

— J'étais prisonnier des menaces, je n'arrivais même plus à penser.

Elle m'a pris dans ses bras, on s'est consolés puis elle a repris ses esprits et, comme je le craignais, elle est partie au combat.

— Bon. Alors on va aller porter plainte à la gendarmerie.

— Non, Maman, je t'en supplie. On va pas faire ça.

— Je te promets qu'on va y aller. C'est très grave, ce qu'ils t'ont fait.

— Je t'en supplie, Maman, oublie.

— Pas question.

— Je t'assure, c'est des fous. Ça va être l'enfer. Ils savent où on habite, ils ne me lâcheront pas.

— Mais enfin, Lipizou, c'est à eux d'avoir peur. Pas à toi.

— Sauf que c'est eux qui sont violents, pas moi.

J'ai négocié, supplié, argumenté pendant des heures et des heures, et finalement j'ai obtenu qu'on n'aille pas porter plainte.

— Mais par contre, tu ne m'empêcheras pas d'aller voir le proviseur.

— Pitié, Maman…

— Y a pas de « pitié » qui tienne. Qu'est-ce que tu veux faire ? Retourner là-bas comme si rien ne s'était passé ?

— Non, je ne veux pas y retourner. Je n'y retournerai pas.

— Moi, je vais y aller. Et ça ne sert à rien d'essayer de m'en empêcher.

Elle y est allée. Toute seule, j'étais encore en convalescence et puis je ne voulais surtout pas assister à ça. Moi, ce que je voulais, c'était oublier. Ne plus en parler, ne plus y penser et surtout, ne plus jamais les voir. Jamais.

Je crois que, après enquête, le club des cinq a été exclu quelques jours de l'établissement. En revanche, à ma connaissance, et comme souvent dans ces cas-là, aucun professeur n'a été inquiété. Surtout pas Monsieur A, pourtant en charge de ma sécurité.

À la fin de mon « arrêt maladie », j'ai refusé de retourner au collège. De toute façon, je passais un temps fou en rééducation pour essayer de récupérer au maximum l'usage de mon coude et de mon poignet. La simple idée de franchir la grille et de me retrouver dans la cour me mettait en panique. Je n'étais plus capable d'affronter leurs regards, d'imaginer ce qu'ils pensaient de moi, de supporter leurs menaces, ce qu'ils diraient ou ne diraient pas, et même le silence des professeurs.

Ma mère a cédé, elle n'avait pas le choix. Restait, quand même, à affronter les épreuves du brevet, indispensable pour que je puisse poursuivre ma scolarité. Là non plus, je ne voulais pas y aller, mais cette fois je n'ai pas pu y couper.

Je me souviens de la grande salle d'examen. La femme qui nous surveillait a distribué les sujets. J'ai lu l'intitulé et il s'est passé exactement ce que je craignais qu'il se passe : je n'y comprenais rien, je ne savais rien, j'étais incapable de répondre à quoi que ce soit. Entre mes terreurs nocturnes, mes maladies imaginaires, mes journées entières passées dans la forêt, ça faisait deux ans que je n'avais quasiment rien appris à l'école. Mon cerveau était complètement buggé. Je n'avais absolument pas le niveau pour passer cet examen. J'étais là, tout seul au milieu des autres, avec mon bras et mon poignet déglingués qui me permettaient à peine de tenir correctement un stylo, et je n'avais strictement rien à écrire sur cette feuille blanche.

Je me suis senti de plus en plus mal. J'ai même cru que j'allais tomber dans les pommes. La surveillante a vu mon désarroi. Elle s'est approchée de moi, très gentiment.

— Ça ne va pas ?

Je n'arrivais pas à lui répondre. J'avais l'impression d'être comme un fantôme en perdition.

— Si vous n'y arrivez vraiment pas, vous pouvez partir, vous savez ?

J'ai ramassé mes affaires, je me suis levé et je suis parti.

Pendant l'été, Maman a remué ciel et terre pour trouver un lycée qui m'accepterait en seconde, sans brevet et malgré un dossier scolaire désastreux. Plus question de sport-études, évidemment – de toute façon, mon bras n'était pas entièrement réparé –, ni même de seconde générale. Elle a finalement dégoté un lycée technique privé, où il restait des places en chaudronnerie-serrurerie.

— Chaudronnerie ? Mais je ne veux pas faire ça, moi…

— Écoute, c'est tout ce que j'ai trouvé. C'est pas trop cher, pas trop loin d'ici et ça te permettra d'avoir ton bac. Il faut absolument que tu aies ton bac.

— Pour quoi faire ?

— Pour ton avenir, Loulou. Tu dois préparer ton avenir.

Mon avenir, c'était comme un grand trou noir. Quel avenir pouvait attendre un gros nul comme moi ? Même pas foutu de passer son brevet. Pas un seul ami, à part Younès, mon frère lointain, que j'avais vu une fois dans ma vie et dont seul le souvenir, et l'espoir de plus en plus flou de le revoir un jour, m'accompagnaient. L'unique fille qui m'avait embrassé l'avait fait pour se moquer de moi. Et le chirurgien qui m'avait opéré était formel : malgré tous ses efforts, et tous les miens durant une rééducation pénible et douloureuse, je ne récupérerais jamais complètement mon bras. Pas assez en tout cas pour être capable de conduire un jour une voiture, une moto, ou même de remonter sur un vélo. Pas assez non plus pour jouer de la guitare ou du piano, ou apprendre un quelconque métier manuel.

En plus d'être une sale victime, un nullard boutonneux et bigleux, j'étais devenu, aussi, un handicapé.

11

Musique

J'avais l'impression d'avoir tout raté. J'avais échoué, et j'étais échoué, comme un bateau qu'une grosse tempête aurait poussé contre un rocher. À 16 ans, ma vie était déjà foutue. Je suis rentré en seconde dans ce lycée technique sans aucune illusion, sans aucune envie, sans aucun espoir. Nous étions nombreux dans ce cas-là : c'est assez rare, les jeunes de 16 ans qui rêvent de chaudronnerie. Le seul bon point de ce lycée, c'est que je n'y connaissais personne. Aucun des barbares du collège ne m'avait suivi. Je suis donc arrivé comme un parfait inconnu, sans aucune réputation, protégé – miracle – par un survêtement et une blouse d'uniforme, et des chaussures de sécurité, qui nous permettaient à tous de nous fondre dans la masse.

Je passais la moitié de mes journées à l'atelier, un grand espace rempli de machines qui ressemblait à une usine où nous apprenions à souder, fraiser, découper le métal, dans le bruit, les étincelles et la poussière. Et je perdais l'autre moitié de mon temps en classe, à mesurer à quel point j'avais accumulé des lacunes pendant mes années de collège. Rien de ce que je faisais ne m'intéressait.

En fait, je pense que j'étais lessivé. Non seulement échoué, mais carrément naufragé, épuisé par l'interminable traversée de ces années de collège et d'hostilité. J'allais de moins en moins en cours. Dans ce lycée technique où tout était insignifiant mais où tout le monde me fichait une paix royale, je me suis, finalement, reposé. J'ai repris mon souffle, tranquillement. J'avais trouvé une sorte de ligne de conduite qui me permettait de n'exister aux yeux de personne et d'être, moi aussi, insignifiant. Je savourais avec délectation le plaisir de passer enfin inaperçu. J'avais appris à me mettre un peu de gel dans les cheveux, j'essayais de choisir des vêtements de la même marque que ceux des autres, et d'assortir un peu les couleurs. Mes lunettes n'étaient plus rondes du tout. Mon but était qu'on ne me remarque pas. Qu'on ne voie pas que j'étais différent. Et surtout qu'on ne me demande rien, et que je n'aie rien à demander. À personne.

Ça a parfaitement fonctionné : on m'a laissé tranquille dans ma grande, mon immense solitude.

Le seul endroit où il se passait un peu quelque chose dans ma vie, c'était mon blog. Ou plutôt, le blog de Davyslam. Finalement, mon texte *Seul* avait été vu plus de quinze mille fois. Je n'arrivais même pas à imaginer que quinze mille personnes aient pu lire mes mots. Et, la plupart d'entre elles, les aimer. Ou même s'y reconnaître ! J'ai commencé à entretenir une correspondance avec certains des internautes qui avaient réagi. On se soutenait mutuellement, et ça nous faisait du bien.

J'ai continué à écrire, aussi. Des histoires de chagrin et de solitude, de désespoir et d'incompréhension, des mots pour écluser tous ceux que je n'avais pas réussi à prononcer, en espérant que ça atténuerait un peu ma peine et mon ennui…

Je te le dis je t'aime, et je voulais
t'offrir la villa aux Caraïbes,
Mais au fond
c'était comme viser la lune
avec une carabine.
Depuis que t'es partie je m'échappe,
Car la tristesse s'oppose à mes charmes,

Je touche du bois,
pour le futur j'en garde
que les échardes.
J'aurais tout fait pour toi,
je voulais pas que tu souffres,
Quand je te voyais je manquais d'air,
t'étais à couper le souffle.
Tu m'as laissé en plan seul
comme un clochard égaré,
Et dire que notre amour,
je croyais que personne pouvait l'égaler.
T'étais parfaite, une vraie femme
à part entière,
Fallait que je te le redise, je t'aime
entre parenthèses.
J'aimerais tant te dire
que l'on repart à zéro,
Je galère à le dire, devant ton visage
je ne trouve même plus les mots.
J'ai cru en l'amour, et à toutes
tes belles paroles,
Aujourd'hui notre amour est mort,
Qu'il repose en paix.

Quelques-uns de mes correspondants s'extasiaient sur ma prose. Ça me faisait plaisir, même si je me demandais toujours si c'était sincère, ou pour se moquer de moi. Quand l'une d'entre eux m'a écrit « *J'adore ce texte ! Tu devrais en faire une chanson et l'enregistrer* », j'ai eu la même réaction : et si c'était sa manière à elle de me dire qu'elle trouvait ça nul ?

En continuant à discuter avec elle, j'ai compris qu'elle était sincère. Et petit à petit, l'idée a fait son chemin. La seule chose que j'avais vraiment aimée, ces derniers temps, c'était les chansons. Celles de mes chanteurs préférés, que j'écoutais en boucle. Et puis mes textes à moi, qui slamaient dans ma tête quand je les écrivais.

Au collège, l'année précédente, je trouvais souvent refuge au « club musique », un atelier tenu deux jours par semaine entre midi et deux par un surveillant batteur amateur. On se retrouvait à une dizaine, toutes classes et tous âges confondus. Il y avait un clavier, une batterie, quelques percussions, une petite table de mixage. On bricolait avec tout ça, sans se prendre la tête, juste pour le plaisir. Un jour, le pion m'a dit :

— Les choses que t'arrives pas à dire, écris-les !

C'est comme ça que j'ai commencé à écrire différemment, en essayant de mettre un rythme, une mélodie, de faire des rimes, pour que ce soit un peu joli.

Et si, finalement, c'était ça que je devais faire ? Écrire des chansons, les enregistrer pour pouvoir vider mon sac et gueuler à la terre entière ce que j'ai sur le cœur. Et même, au fond de mon âme...

J'ai cherché, sur YouTube, une musique sur laquelle je pourrais dire mon texte. Et, sur Google, un studio où je pourrais l'enregistrer. J'en ai trouvé un pas trop loin de chez moi. 35 euros de l'heure, une fortune ! Une fois encore, ma mère m'a encouragé en me donnant de quoi payer. J'ai pris rendez-vous, et je suis allé enregistrer ma chanson.

J'ai été accueilli par un technicien très gentil, très pro et très pressé, qui m'a parlé comme si j'avais fait ça toute ma vie. Je lui ai donné ma musique, il m'a installé dans le studio, devant un énorme micro très impressionnant, comme ceux qu'on voit à la télé, et m'a tendu un casque.

— Tu me regardes à travers la vitre. Quand tu es prêt, tu me fais signe, j'envoie l'instru et roule ma poule !

J'ai sorti mon texte, bien imprimé, de la chemise où je l'avais rangé et je l'ai posé sur le pupitre prévu à cet effet. Mes mains tremblaient, la feuille tremblait, tout en moi tremblait. J'ai senti la panique m'envahir.

Respirer, respirer. Il ne va rien m'arriver.

— Quand tu veux. Je t'attends.

Je veux, mais est-ce que je peux ? Pour qui je me prends d'enregistrer une chanson, comme un pro ? « T'es une merde, une grosse merde, t'as pas encore compris ? Tu sers à rien. T'es qu'une sale victime. »

— Bon, voilà ce qu'on va faire : j'envoie la musique, et tu commences où tu veux.

La musique est arrivée comme une vague dans mes oreilles. Et elle m'a englouti. Je savais qu'à un moment je devais y poser mes mots, mais j'étais incapable de savoir quand ni comment. De l'autre côté de la vitre, le technicien commençait à s'énerver.

— Bon, mon gars, faut que tu te décides, hein ? On va pas y passer la journée…

Nouvelle vague de musique, nouvelle noyade. J'ai bredouillé la première phrase, n'importe comment, la gorge serrée et les larmes aux yeux.

— OK. T'es sûr que tu veux l'enregistrer, ton truc ?

Impossible de lui répondre. J'étais là, debout en face de lui dans ce studio d'enregistrement, mais en fait j'étais roulé en boule au fond de moi, massacré par les coups de chaussures à crampons.

Il a arrêté la musique et m'a dit, sans méchanceté mais sans douceur, et sans aucune velléité de m'aider à m'en sortir :

— Écoute, reviens quand tu seras capable... En attendant, je crois que ce que t'as de mieux à faire, c'est de rentrer chez toi.

J'ai payé mes 35 euros et je me suis enfui vers la gare, rempli de honte. Il avait raison : j'étais un incapable, et ce que j'avais de mieux à faire, c'était de rentrer chez moi.

12

Comme une étoile

Je suis rentré chez moi et j'y suis resté. Longtemps. Longtemps. Très longtemps. Le souvenir des mois et même des années qui ont suivi est très embrumé dans ma mémoire, sans doute cabossée par les trop grandes douleurs de mon adolescence. C'est une période grise et floue, pleine de trous, dans laquelle je ne parviens pas à remettre de l'ordre.

J'étais comme anesthésié par la violence de tout ce que j'avais enduré pendant si longtemps. Pendant cette année de seconde, j'ai annoncé à ma mère que je ne finirais pas ma scolarité. Ça n'avait aucun sens, pour moi, de continuer à faire semblant. Comme si la chaudronnerie représentait une quelconque solution...

— Mais alors qu'est-ce que tu vas faire ?

— Je sais pas.

— Mais, mon fils, tu ne vas pas rester comme ça, sans projet, sans objectif...

— Je sais pas.

— Et la musique ? T'en es où de la musique ? Tu ne voudrais pas réessayer ?

— Je sais pas.

Elle semblait désespérée. Moi, je ne le montrais pas, mais j'étais aussi désespéré qu'elle. Je n'avais aucune idée de ce que je pourrais bien faire de mon existence, à part regarder la télé, écouter des chansons et jouer aux jeux vidéo. Tout seul. Comme la pauvre victime que j'étais.

J'en étais là de ma vie, c'est-à-dire à peu près nulle part, début janvier 2010. Je venais d'avoir 17 ans, j'allais de moins en moins au lycée, et mon seul projet fixe, c'était d'exploser mon score au flipper sur Pinball, auquel je jouais avec frénésie des heures entières.

J'étais enfermé dans ma chambre, comme d'habitude, les doigts scotchés à mon clavier et le nez collé à mon écran, quand le téléphone a sonné. C'était un jour où Maman ne travaillait pas, je n'ai même pas eu besoin d'interrompre ma partie pour aller répondre. Mais quand elle a passé la tête dans l'encadrement de ma porte, j'ai tout de suite vu qu'elle avait une mauvaise nouvelle à m'annoncer.

— Lipizou...

— Quoi ? Qu'est-ce qui se passe ? C'était qui ?

— C'était la maman de Younès...

— La maman de Younès ? Mais pourquoi ?

— Il est arrivé une catastrophe.

— Oh, non.

— Il était à scooter. Un camion l'a renversé.

— Il est blessé ?

— Il est mort, mon Loulou. Sur le coup.

J'ai senti une immense déflagration à l'intérieur de moi. Comme si, d'un seul coup, toute mon enfance, toute ma joie, tout ce qui me restait des rares jolies choses de ma vie volait en éclats. Younès, c'était mon soleil, mon oasis, mon espoir que le bonheur existe. Au milieu de cette grande tempête qu'avait été ma vie ces dix dernières années, il était comme un phare, un repère, un frère, la preuve que quelque chose d'autre était possible.

Younès, c'est le seul « autre » qui m'avait accepté comme j'étais. Le seul être humain avec qui j'avais pu être moi-même, sans peur d'être raillé, trahi ou jugé.

Ce qui me restait d'espérance venait d'être fauché par un poids lourd, sur un rond-point tunisien.

J'ai passé des heures à le pleurer. Des jours et des nuits. Des mois à lui parler, à me souvenir de lui et de nos cavalcades de mômes heureux autour de la piscine. À repasser, en boucle, les images de ces quelques jours de vacances qui avaient changé ma vie, et m'avaient servi de bouée de sauvetage pendant toutes les années qui avaient suivi. Sans lui, je me serais noyé cent fois. Maintenant que Younès était mort, en qui d'autre pourrais-je croire ? Et qui pourrait croire en moi ?

J'ai glissé, glissé, glissé dans mon chagrin. La mort de Younès, c'était comme la preuve absolue qu'à peine commencée ma vie était déjà foutue. Je n'arrivais pas à reprendre pied.

Inquiète de me voir sombrer, ma petite Maman essayait, par tous les moyens, de me sortir de cette spirale dans laquelle j'étais en train de me perdre. Sans succès.

Chaque fois qu'elle suggérait l'idée de m'envoyer consulter un psy, je me murais dans le refus, et le silence. Je ne parvenais déjà pas à lui expliquer, à elle, ce qui se passait à l'intérieur de moi. Je ne savais même pas me l'expliquer à moi-même. Alors comment aurais-je pu en parler à un étranger ? Et qu'aurait-il pu comprendre de moi qu'il ne connaissait pas ?

Personne ne pouvait m'aider. Personne ne pouvait m'aimer.

La mort de Younès était le dernier malheur d'une trop longue série, dont je ne me remettais pas. Et dont je pensais, de plus en plus souvent, que je ne me remettrais jamais.

Peu à peu, l'idée de lui rendre hommage a germé en moi, jusqu'à devenir une obsession. Qu'est-ce que je pourrais faire pour qu'il ne disparaisse pas complètement ? Qu'est-ce qui serait à la hauteur de l'importance qu'il avait eue pour moi ? De quelle manière pourrais-je l'honorer ? Et adoucir un peu la peine de ses parents et mon propre chagrin ?

Une nuit où je n'arrivais pas à dormir, j'ai pris un cahier et un crayon, et j'ai écrit un texte à sa mémoire. Mes mots à moi pour lui dire à lui à quel point il avait compté dans ma vie.

Sans cesse je regarde tes photos,
je t'imagine en ma présence,
Sur ton scooter, t'es décédé,
c'est du passé ouais,
Mais dans mon cœur
c'est toujours présent.

La terre a perdu un battant,
le ciel a gagné un ange.

On apprend sans cesse
par les chemins que l'on emprunte,
On vit sur les reflets des histoires
que l'on a peintes.
Te voilà désormais à côtoyer les anges,
Mon écriture est salée car mes larmes
me servent d'encre.

Tu brilles comme une étoile,
Tu me guides dans mes jours sombres,
Imbibées, voilà c'que mes joues sont.
On prend tout pour acquis, on s'dit
qu'le futur est si clair,
La tête dans les nuages
pendant que mon cœur
est à six pieds sous terre.
Depuis petit je t'ai connu,
grandi avec toi, t'étais un ami stable.
À défaut de celui de l'amour,
j'ai eu un coup de foudre amical.
J'ai même pas eu le temps
d'te dire je t'aime
que tu t'es déjà envolé.

Regarde-moi de là-haut,
Aide-moi à avancer,
Je ferai de mes rêves une réalité,

Je pensais pas que ça allait
être dur comme ça,
Déposer une fleur
et revenir sur mes pas.
Penser à toi, imaginer
qu'tu sois à côté d'moi.
Le temps passe.
Cette blessure ne s'efface pas.
Les cicatrices restent,
mais je ne lâche pas.
Mes larmes coulent, c'est comme ça,
Tu restes mon repère.
La personne qui me manque le plus
sur cette terre.

La terre a perdu un battant,
le ciel a gagné un ange,
brille comme une étoile.
Tu manques à ta famille,
tu manques à tes parents,
Repose en paix, petit ange
Tu resteras mon meilleur ami
quoi qu'il se passe,
Ces mots, je te les dédicace.

Je l'ai lu à ma mère, on a pleuré ensemble. Je l'ai imprimé, je l'ai glissé dans une enveloppe et je l'ai envoyé à ses parents. Et puis je l'ai posté sur mon blog.

Quelques jours plus tard, la maman de Younès m'a appelé pour me remercier. Elle voulait me dire que son fils nous regardait de là-haut. Et aussi qu'elle avait été touchée par mon texte, que j'avais une belle plume, sensible, dont il fallait que je me serve pour faire quelque chose dans ma vie.

Avant de raccrocher, elle m'a dit :

— Reste fort. Il veille sur toi, maintenant.

13
Hazerka

La maman de Younès n'a pas été la seule à être touchée par mon texte. Quand je me suis rebranché sur mon blog, quelques jours après l'avoir posté, j'ai découvert avec stupéfaction qu'il avait déjà été vu plus de cinquante mille fois ! J'ai mis un moment à comprendre comment c'était possible : il avait été repéré par le modérateur et mis en avant sur le site, c'est comme ça qu'il avait gagné cette folle visibilité.

Quelques heures plus tard, il frôlait les quatre-vingt mille vues et, à la fin de la semaine, il dépassait les cent mille. Cent mille ! C'est presque trois fois la population de Chantilly ! Cent mille personnes avaient lu mon texte, et pensé à Younès, au moins quelques instants. Mission accomplie.

C'est une sensation très étrange. J'avais l'impression d'être dans une solitude absolue, et en même temps d'être aimé et encouragé par des milliers d'inconnus qui me disaient que non, je n'étais pas seul…

Parmi eux, il y avait un certain Skyërn Aklea, particulièrement enthousiaste : « *Ton texte déchire, mec. Si t'as envie qu'on se rencontre, on le met en musique et on en fait une chanson.* » « *Non merci, j'ai déjà donné !* » Je lui ai raconté ma tentative désastreuse dans le studio où j'étais resté désespérément muet. « *Oh mais ça c'est parce que t'es tombé sur un con, qui ne t'a pas aidé ! Moi je suis pas pro mais je m'y connais pas mal. Ça te coûte quoi d'essayer ? Je te le fais gratos, hein ?* »

Il a insisté, et j'ai fini par céder. Nous nous sommes retrouvés un jour à Paris, dans une sorte de squat où il vivait, entouré d'instruments de musique. On a bricolé un enregistrement de mon texte, et il m'a même convaincu de le suivre dans un cimetière pour filmer un petit clip à partir de nos sons.

— Je t'assure ! C'est top !

Je trouvais ça pas top du tout, mais il semblait aussi sûr de lui que j'étais sûr d'être nul. Je me suis dit que, peut-être, je devais lui faire confiance à lui, puisque je me faisais si peu confiance à moi ?

Nous en étions à peu près là quand j'ai reçu, via mon blog, un autre message absolument imprévu : « *Bonjour, je m'appelle Abdelhak, je suis producteur d'un petit label de musique basé à Lyon. J'aimerais beaucoup vous parler au sujet de vos textes qui me touchent particulièrement.* »

Un producteur de musique ! Professionnel ! Qui voulait me parler, à moi ? Je ne savais pas ce que fabriquait Younès, de là où il était, mais ça avait des effets puissants !

J'ai appelé cet Abdelhak. Il avait la voix sympa d'un mec sympa.

— J'ai été très touché par « Brille comme une étoile », ça ferait une belle chanson...

— Vous n'êtes pas le premier à le dire ! Je suis en train d'enregistrer un truc, avec un copain, mais je ne sais pas si c'est une bonne idée...

— Bien sûr que c'est une bonne idée ! Vous en êtes où ?

— On a le son, et on vient de tourner les images.

— Écoute, voilà ce que je te propose : tu finis ton projet, tu le postes, on voit ce que ça donne et on en reparle. Ça te va ?

— OK. Vous croyez que je dois le poster alors ?

— Ben oui, qu'est-ce que tu risques ? Puisque tu as commencé, va jusqu'au bout !

— Super. Merci du conseil !
— Et, au fait ?
— Oui ?
— Davyslam, c'est pas possible comme nom de scène. Faut que tu trouves autre chose !

Ce soir-là, dans mon lit, je me suis dit qu'avec un peu de chance j'étais en train de laisser l'enfer derrière moi pour m'engager enfin sur un autre chemin. Il avait raison, ce mec : il fallait un nouveau nom à ce nouveau moi, pour pouvoir commencer, peut-être, une nouvelle vie.

Ça me semblait une bonne idée de me débarrasser de mon patronyme, avec lequel j'avais été si malheureux. Et, au passage, de laisser de côté le nom de famille de mon père, dont je n'avais pratiquement aucune nouvelle depuis au moins deux ou trois ans. En m'endormant à moitié, j'ai repensé à Younès, mon ami, mon étoile, mon ange gardien. Sa petite phrase si précieuse qui m'avait accompagné quand plus rien ni personne ne m'accompagnait : « *On se revoit vite, promis* ». Finalement c'était grâce à lui, au texte que j'avais écrit pour lui, qu'une petite lumière s'était rallumée dans ma grande obscurité. C'était une évidence : je voulais qu'il soit à mes côtés dans cette aventure qui s'ouvrait à moi.

Je crois que l'idée m'est venue dans mon sommeil. Peut-être que c'est lui qui me l'a soufflée ? Il s'appelait Younès Hazerk. Et moi, si ses parents étaient d'accord, je m'appellerais Hazerka.

Au début de ce printemps 2013, une copine internaute a posté pour moi sur sa chaîne YouTube le « clip » bricolé avec Skyërn Aklea : *Brille comme une étoile*, par Hazerka. On ne peut pas dire que ça a provoqué l'enthousiasme des foules. Ni le mien d'ailleurs. Je n'aimais pas ma voix, je n'aimais pas ma dégaine, je n'aimais pas mon look pourri et mes vêtements qui ne ressemblaient à rien, je n'aimais rien de cette histoire-là. Mais c'était trop tard : une fois lancé sur la toile, impossible de rattraper quoi que ce soit…

Ce qui m'a rattrapé, moi, en revanche, c'est mon passé. Je ne sais pas comment les barbares m'ont retrouvé, mais j'ai vu apparaître, sous ce clip, les commentaires d'internautes que j'ai reconnus immédiatement : la bande des cinq et leur clique étaient de retour, et dans une forme éblouissante. « *La binocle qui se prend pour un chanteur maintenant !* » « *Hé, connard, t'as pas encore compris qu'il faut que tu fermes ta gueule ?* » « *Tu vas nous faire honte jusqu'à quand, sale victime ? » « Tu jouais comme une merde, et maintenant tu chantes comme une merde. »*

Ils avaient raison : ce clip était nul. Je n'aurais jamais dû le poster. Comment avais-je pu oser ? Chanteur, et puis quoi encore ?

J'étais en plein désarroi quand j'ai appris une nouvelle bouleversante. Le 13 février, Marion, une des petites internautes qui me suivait depuis quelque temps, et me racontait avec beaucoup de douleur la manière dont on la harcelait, au collège, à cause de son surpoids, avait choisi de mettre fin à ses jours. Avec le peu de moyens dont je disposais, j'avais essayé de trouver les mots pour l'aider, et lui donner du courage, mais ça n'avait pas suffi.

Qui pourrait enfin faire taire les barbares, et faire cesser le carnage ?

Quand Abdelhak, le producteur lyonnais, a rappelé, j'étais tellement abattu que je n'ai même pas voulu lui parler. De toute façon, pour moi, les jeux étaient faits : la musique c'était terminé. Pour être chanteur, il faut avoir du talent, pas seulement aux yeux de sa maman ! Moi, du talent, je n'en avais pas. La seule chose que j'avais réussie, c'était réveiller la horde sauvage et leur donner une nouvelle occasion de se faire les dents sur moi. Ça serait la dernière : plus question de m'exposer, ni à eux ni à personne. Tout ce que j'avais à faire, c'était de retourner à mes parties de Pinball. Fin de l'histoire.

Évidemment, Maman a insisté.

— Parle-lui au moins. Il a peut-être des choses à te dire auxquelles tu n'as pas pensé.

— Non, c'est bon. J'ai pas envie d'en entendre plus.

— Mais lui, si ! Autrement tu crois qu'il aurait rappelé ?

Finalement, c'est elle qui lui a téléphoné.

— Bon, alors le clip, il le trouve nul.

— Ah tu vois, je t'avais dit.

— Mais il a l'air de très bien savoir ce qu'il veut faire, lui. Il te propose d'aller le retrouver à Lyon pour mettre ton texte en musique et l'enregistrer.

— *Brille comme une étoile* ?

— En fait, il en a repéré deux. Celui-là, et puis un autre qui s'appelle *Seul*, tu vois de quoi il s'agit ?

— Oui, oui. Il est plus vieux…

— Je ne le connais pas, celui-là. Tu me le montreras ?

— Peut-être.

— Qu'est-ce que tu en penses ?

— Je sais pas. Je crois pas que je suis capable…

— Mais lui, il croit. Et c'est son métier. Le seul moyen de savoir c'est d'essayer, Loulou.

— Mais j'ai essayé, et t'as bien vu ce que ça a donné…

— Oui, mais là ça n'a rien à voir. C'est un producteur, et c'est lui qui a envie.

— Je ne vois pas ce que ça change.

— Mais ça change tout, mon fils ! Ça change tout !

Elle a dépensé tellement d'énergie à me convaincre que j'ai commencé à me dire qu'elle avait peut-être raison.

— Allez, lance-toi ! Ça coûte rien d'essayer !

— Ça coûte rien du tout ? Tu veux dire que c'est lui qui paie ?

— Non. Il ne paie pas, mais nous non plus. On signe un contrat, vous enregistrez et si ça marche, vous vous partagez l'argent.

— Mais comment je vais aller à Lyon ?

— En train, pardi !

— C'est cher, le train.

— T'en fais pas, on va se débrouiller.

— Tu viendras avec moi ?

— Heu… Ça, je ne crois pas. T'es assez grand pour y aller tout seul. Si je viens, ça sera deux fois plus cher. Et puis j'ai un travail ! C'est même comme ça que je peux t'offrir des billets de train !

Quelques semaines plus tard, je suis parti à Lyon, tiraillé entre l'excitation et l'appréhension.

— Tu m'appelles, hein, mon fils ? Tu me tiens au courant d'où tu es, et de ce que tu fais. Et s'il y a le moindre problème, tu téléphones.

— Oui, oui, t'en fais pas.

— Je m'en fais pas, mais appelle-moi.

J'ai passé tout le voyage à flipper. C'était la première fois que je faisais un déplacement si lointain tout seul, et c'était pour un rendez-vous qui allait, peut-être, changer ma vie !

Honnêtement, je n'y croyais pas beaucoup. Entre ma première expérience de studio, cuisante, et les messages haineux des barbares au vu de mon pseudo-clip, j'avais surtout l'impression de persister dans mon erreur. Et que le seul domaine dans lequel j'étais capable de progresser, c'était le Pinball…

J'ai quand même aussi été capable de ne pas me perdre et d'arriver sans encombre jusqu'au studio : un exploit pour le gamin que j'étais encore, et qui n'avait presque jamais quitté Chantilly ! J'ai découvert avec étonnement qu'il s'agissait en fait d'une sorte de petit – très petit – chalet en bois installé sur la grande terrasse de l'appartement d'Abdelhak. Il était là, engageant et sympathique, pas tellement plus âgé que moi, accompagné d'un pote technicien très jeune et très souriant lui aussi. Ils m'ont accueilli avec beaucoup de chaleur. Ils avaient préparé mon arrivée : nous avons choisi ensemble sur quel genre de musique ils envisageaient de poser mes textes, et ça m'a plu.

— Bon, alors, on essaie ?

J'ai senti la panique revenir. Comme à chaque fois que j'avais quelque chose de nouveau à faire, une petite voix à l'intérieur de moi, et même un chœur de petites voix, qui ressemblaient diablement à celles des barbares qui m'avaient vomi dessus pendant des années, et recommencé ces dernières semaines, m'assaillaient de leurs questions. « Pour qui tu te prends ? T'imagines que t'es capable ? T'as cru que c'était la peine de venir jusqu'ici ? Tu penses vraiment que t'es bon à quelque chose ? Chanteur, et puis quoi encore ? »

Abdelhak a dû les entendre aussi. Il m'a rassuré en souriant :

— T'en fais pas, on a tout notre temps. On a l'habitude, on va t'aider. On va essayer, et on verra bien ce que ça va donner.

C'est exactement ce que je craignais : ça a encore donné un truc qui ne ressemblait à rien. Catastrophique, même. J'avais écouté beaucoup, beaucoup de musique dans ma vie, mais je n'avais jamais vraiment essayé d'en faire, je veux dire sérieusement. Professionnellement. C'était resté pour moi comme une idée floue, inatteignable. Du coup, j'étais hésitant, imprécis, brouillon, comme un débutant. Mais, curieusement – peut-être aussi un peu grâce à l'esprit de Younès, qui m'avait mené jusque-là –, cette fois-ci, ça ne m'a pas découragé, et eux non plus.

Nous nous sommes mis au travail, comme ça ne m'était jamais arrivé. J'ai écouté leurs conseils, suivi leurs indications, testé leurs suggestions, et petit à petit, ce qui ne ressemblait à rien a commencé à ressembler à quelque chose. Ils m'ont encouragé à chanter un peu, moi qui ne faisais que slamer. Et aussi à corriger mes textes pour qu'ils sonnent mieux. Nous avons décidé, ensemble, de transposer au féminin les paroles de *Seul*, qui racontait le désespoir de mes années de collège, pour mettre en scène une collégienne victime de harcèlement comme je l'avais été moi-même. Le résultat était canon :

Seule
Elle a peur de souffrir,
D'avancer de sourire
Du regard des autres
Ces regrets qui défilent,
Elle s'enfuit
Elle n'a plus le contrôle
Et elle pleure dans son lit
Les mots hantent son esprit
La douleur est là
Se mutile en silence
Dans ce grand vide
Elle veut en finir
Elle est si seule ce soir
Qu'elle en oublie son chemin
Si éternelle, elle l'oublie enfin
Et sans lendemain
15 ans et si fragile
Comment une fleur si sensible
Ne supporte plus les mots
Ses amies la méprisent
Petite fille
N'est plus comme les autres
Elle est si seule ce soir
Qu'elle en oublie son chemin
Si éternelle, elle l'oublie enfin
Et sans lendemain

Plus nous avancions, moins je me sentais seul. Et moins j'avais peur.

Je n'ai même pas eu le temps d'appeler ma mère ! Je l'ai juste tenue au courant par quelques textos pour qu'elle ne s'affole pas… Après une nuit passée à dormir un peu et gamberger beaucoup sur le canapé du salon d'Abdelhak, et une deuxième grande journée de travail, très concentrée, je suis reparti de Lyon.

Je n'en revenais pas : j'avais enregistré les deux chansons. Et voilà que je commençais à croire ce dont ces deux super pros avec qui j'avais travaillé sans voir le temps passer m'avaient assuré avec enthousiasme : une fois montées et arrangées, elles auraient vraiment de la gueule.

En partant, j'ai serré la main d'Abdelhak, mais je crois que j'aurais pu l'embrasser.

Dans le train du retour, j'étais sonné. J'avais l'impression de rentrer d'un voyage lointain, et d'être enfin presque arrivé ; l'impression de revenir de très, très, très loin.

Et si, finalement, j'étais quand même bon à quelque chose ?

14

Seule

Il a fallu encore plusieurs semaines de travail, un nouvel aller-retour à Lyon et un autre à Annecy pour le tournage d'un clip. Comme je ne voulais pas faire peser tous ces frais sur ma mère, j'ai mis mon orgueil dans ma poche et j'ai pris mon courage à deux mains : j'ai écrit un petit mot à mon père pour lui demander de m'aider. La réponse a été rapide, et sans appel : « *C'est des conneries, ça ne sert à rien.* »

Maman a vendu quelques bijoux pour financer mon voyage. Peu à peu, tout s'est mis en place pour la sortie de mon premier titre professionnel : *Seule* était annoncé pour début 2014.

J'étais à la fois très impatient et très inquiet. Au lieu de « fermer ma gueule », comme les sauvages m'en avaient si souvent donné l'ordre, non seulement je persistais à l'ouvrir, mais en plus j'osais parler d'eux, et de ce qu'ils m'avaient fait vivre durant toutes ces années. Une partie de moi me trouvait complètement fou de faire un truc pareil, pendant que l'autre se réjouissait de pouvoir enfin dire haut et fort ce que j'avais tu si longtemps.

Je savais que je n'étais pas le seul à être si seul. Mon blog était rempli de messages de mômes qui, comme moi, crevaient de solitude et de désespoir, sous les insultes et les violences de barbares que rien ne semblait pouvoir arrêter. Nous étions des milliers, et même sûrement des dizaines de milliers, à penser que l'unique solution était de s'écraser. Voire, comme on nous l'ordonnait si souvent, de disparaître.

Ça m'avait coûté, à moi, bien plus que mon poignet et mon bras. Ça m'avait coûté, aussi, une partie de mon enfance et toute mon adolescence. Et puis sûrement, je le sentais bien – et je m'en rends compte aussi en écrivant ce livre, pour lequel j'ai tellement de mal à remettre les choses dans l'ordre et à me souvenir de leur déroulement –, quelques circuits neuronaux, que la violence des agressions avaient carrément fait bugger dans mon cerveau.

La peur, l'humiliation, la souffrance causent des blessures intérieures encore plus profondes que celles que la chirurgie peut réparer…

J'étais dans cet état de grande fragilité quand j'ai reçu, via mon blog, une demande d'interview de la part d'une radio régionale. Ma première interview ! C'est comme ça que j'ai « rencontré » Sébastien, animateur de Radio Click, dont j'ai fait connaissance par Skype. J'ai tout de suite vu que c'était un type spécial. Ça ne peut échapper à personne : Sébastien a la gueule cassée de quelqu'un qui a eu un gros accident. À côté de son visage à lui, mon acné – qui, d'ailleurs, avait fini par disparaître – c'était juste un détail de rien du tout. Je ne savais pas depuis combien de temps il vivait avec cette tronche-là, mais je me suis dit qu'à l'école ça avait dû être bien compliqué pour lui.

Pendant l'interview, on n'a parlé que de ça : ce qui se passe dans les écoles pour les élèves « pas comme les autres », qui d'ailleurs ne sont souvent pas très différents des autres, mais seulement moins capables de se battre, de se défendre, de se faire respecter.

Après cette interview, Sébastien et moi sommes restés en contact. Et, assez vite, nous sommes devenus amis. Mon premier vrai ami. C'est comme ça que j'ai découvert son histoire. Sébastien a six ans de plus que moi, et c'est son père qui lui a cassé la gueule, au sens propre, quand il était tout petit. Après quoi, ses parents l'ont abandonné. Il est devenu pour moi comme un grand frère, qui est passé avant moi par là où je suis passé. Avec lui, je me suis enfin senti compris. Mais aussi soutenu, encouragé, protégé. Et même chanceux, moi qui n'ai perdu que mon bras, et mon père.

À ce propos, comme pour être bien sûr que je ne me faisais plus aucune illusion sur cette question, mon géniteur m'a fait une petite piqûre de rappel. Au milieu de toute l'agitation générée par la sortie de *Seule*, j'ai reçu un texto de sa part : « *Mort de rire ! Fais-moi signe quand tu rempliras l'Élispace de Beauvais. Ou l'Olympia !* »

Et si, de tous mes massacreurs, il était, finalement, le plus enragé ?

Heureusement, la sortie de *Seule* m'a offert, surtout, de très beaux cadeaux… À peine le clip était-il en ligne que le nombre de vues s'est envolé : cent mille, deux cent mille, cinq cent mille… Un million ! Puis un million et demi, puis deux, puis deux et demi ! En quelques jours, quelques semaines, *Seule* s'est retrouvé dans le top des charts, devant la compile de « The Voice », le dernier tube de Florent Pagny, et même celui de Stromae, dont *Papaoutai* m'a fait tellement pleurer…

Au fur et à mesure que le nombre de vues s'envolait, le nombre de demandes d'interview augmentait. Les journaux de la région ont commencé à parler de moi, pour la plus grande fierté de ma petite maman ! Moi aussi, j'étais fier. Mais très inquiet, également, d'être soudain si visible. Et de devenir si important pour tant de gens : le nombre de messages d'internautes explosait sur mon blog, Facebook, Instagram, et sur le site Hazerka que j'avais créé de toute urgence.

Des centaines. Des milliers. Des dizaines de milliers… Parmi eux, bien sûr, la haine de certains – toujours les mêmes, pas si nombreux – mais surtout des centaines de SOS, de bouteilles à la mer d'écoliers, de collégiens, de lycéens qui racontaient, tous, quelque chose qui me touchait et que j'avais l'impression d'avoir vécu moi aussi.

Comment répondre à tous ces gens ? Comment ne pas être englouti par toutes ces détresses, moi qui me débattais encore et toujours avec mes propres démons, et mes propres harceleurs ?

Au milieu de ce tourbillon, une jolie merveille est apparue : Jennifer. On a discuté sur Facebook, et on est devenus amis. On s'est téléphoné une fois, deux fois, plein de fois, et puis on s'est rencontrés pour de vrai. On est tombés amoureux, grave !

Pour la première fois de ma vie, j'avais l'impression de me sentir aimé, par quelqu'un d'autre que ma mère. Pour la première fois de ma vie, j'avais l'impression d'être utile à quelqu'un, et même à quelques-uns. Pour la première fois de ma vie, j'avais l'impression d'avoir un avenir. Peut-être…

La nouvelle est venue par ma mère : la mairie de Chantilly l'avait contactée pour me proposer de faire partie de la programmation de la prochaine Fête de la musique. Évidemment, elle était emballée. Moi, beaucoup moins.

— Enfin, Loulou, je ne comprends pas. C'est super ! Ta première scène ici, à deux pas de la maison !

— Ben oui, justement, c'est ça qui me fait flipper.

— Mais pourquoi ?

— Enfin, Maman, tu sais bien. Si ça se trouve, ils seront là.

— Et alors ? Qu'est-ce que tu risques ? Ils sont combien ? Cinq ? Six ? Dix à tout casser ? Et toi, t'as combien de followers ? Cent mille ? Deux cent mille ?

— Là, on est à trois cent quarante-deux mille trente-deux.

— Ah, tu vois ?

— Mais ils seront pas tous là !

— Je sais bien, Lipizou. Mais tes crétins, là, ils seront forcément beaucoup moins nombreux que tous les gens venus pour t'écouter. Je vais même te dire : j'espère bien qu'ils vont venir. Comme ça ils se rendront compte…

— Ils se rendront compte de quoi ?

— Ils se rendront compte que tu fais des choses formidables, qu'on est nombreux à t'applaudir et que tu peux être fier de toi.

— Ça m'étonnerait.

— Allez, mon fils, courage ! Tu vas pas passer le reste de ta vie à avoir peur d'une poignée de minables ? Tu vaux bien mieux qu'eux, tu sais ?

Une fois de plus, elle a eu le dernier mot. J'avais tellement envie de la croire…

J'ai accepté, et je suis allé chanter, le 21 juin 2014, à 20 heures, sur la petite pelouse de l'hippodrome, à trois cents mètres de chez moi. Ma première scène, juste avant les Sixties Memories.

15

21 juin 2014

Ils m'ont tué, mais pas complètement. Au milieu du brouillard épais qui remplissait ma tête, j'ai senti l'air brûler dans ma gorge, et ma respiration revenir. Quand j'ai rouvert les yeux, j'étais couché sur le trottoir. J'ai aperçu leurs chaussures qui s'éloignaient, puis je les ai vaguement entendus détaler. Je me suis péniblement remis sur mes jambes, et je me suis traîné jusqu'à la maison.

Là, j'ai appelé ma mère. Elle a rappliqué, avec Sébastien, Jennifer, Richard et je ne sais plus trop qui. Après, je ne me souviens de rien. Je ne préfère pas.

Maman, elle, se souvient : cette fois-ci, on est allés porter plainte. J'ai montré les traces de strangulation autour de mon cou. J'ai donné les noms de ceux que j'avais reconnus. Je pense qu'ils ont été convoqués. Peut-être même arrêtés, et condamnés ? Je ne sais pas. Je ne veux plus m'occuper de ça. La seule chose que je sais, c'est que depuis ce jour-là ils m'ont laissé tranquille. Enfin.

Une fois passées les douleurs de déglutition, et résorbés les hématomes autour de mon cou, j'ai repris le cours de mon existence, comme si de rien n'était. Enfin, c'est ce que j'ai cru. Mais petit à petit, tout s'est redéglingué dans ma vie. Je pense que le peu de confiance en moi que m'avait offert le succès de *Seule* a été étouffé sous les doigts de mon étrangleur.

La première victime collatérale de sa disparition, ça a été mon histoire avec Jennifer : elle m'aimait, avec tendresse et bienveillance, mais moi j'étais en proie à mes pires démons. Jaloux, inquiet, dépendant, étouffant... Je n'arrivais tellement pas à croire qu'une fille aussi merveilleuse puisse me choisir, moi, la pauvre victime, que j'ai tout fait pour qu'elle ne m'aime plus. Elle s'est accrochée, tant qu'elle a pu, à l'espoir que j'allais comprendre que je me trompais. Que son amour était sincère, tendre et patient. Que je pouvais lui faire confiance, et me faire confiance, à moi aussi. Nous faire confiance, à nous. Mais elle n'a pas réussi. Mon si beau premier amour a pris fin, dans un immense chagrin...

Dans la foulée, je me suis aussi opposé, gravement, à Abdelhak, qui me proposait un projet dans lequel je ne me reconnaissais pas. Comment discuter calmement, d'égal à égal, lorsqu'on n'a aucune confiance en soi ? Il n'y a que deux issues possibles : se soumettre en silence, ou s'affronter violemment. Je sentais que je ne pouvais pas me soumettre à ce qu'il me proposait ; je ne savais toujours pas très bien qui j'étais, mais je savais que je n'étais pas l'artiste qu'il avait imaginé pour moi. Je me suis donc opposé, violemment, à lui. Fin de cette histoire-là, aussi.

L'année 2015 a commencé au milieu de ces décombres. Je venais d'avoir 22 ans, plus de trois cent mille internautes me suivaient assidument sur les réseaux, mais j'étais, à nouveau, absolument seul. Perdu. Et malheureux.

Une fois de plus, Maman est venue à ma rescousse. D'abord, en croyant en moi quand moi-même je n'y croyais pas.

— Allez, mon fils, continue à écrire des chansons ! Je suis sûre que tu es fait pour ça !

— Tu es bien la seule à en être sûre.

— Tu plaisantes ? Et tous tes followers, ils en pensent quoi ?

— Mes followers, ils ne savent pas.

— Ils ne savent pas quoi ?
— À quel point je suis nul.
— Mais enfin, quand est-ce que ça va finir cette histoire ? Pourquoi tu ne vois que ce qui ne va pas ?
— Parce que rien ne va, Maman. Rien ne va chez moi...
— Ah oui ? T'en connais beaucoup, des jeunes de ton âge qui ont traversé tout ce que tu as traversé ? Qui ont le courage d'en faire des chansons ? Et qui sont aimés et admirés par tant de gens ?
— Mais...
— Y'a pas de mais ! Arrête de ressasser ce qui t'a fait souffrir et va de l'avant, mon fils ! Tu as toute la vie devant toi !

Elle avait un allié de poids : mon nouvel ami Sébastien, qui, depuis notre rencontre, ne me lâchait pas d'une semelle.
— Allez, Marving, accroche-toi ! Écris-nous des nouvelles chansons ! On les attend !
— Mais je suis tellement triste...
— Eh ben, écris une chanson qui raconte ta tristesse !

J'ai fini par m'y remettre, timidement. Un mot après l'autre, en ayant l'impression que tout était nul, et inutile.
— Ne t'occupe pas de ça, mon pote. Écris.

J'ai écrit *Pour un autre,* une chanson d'amour, dans laquelle j'ai glissé tout mon chagrin d'avoir perdu Jennifer.

Tragique ou drôle
L'histoire est finie
Je me mêle à la foule pour noyer mes larmes
et cacher ce mal
M'as-tu aimé, désiré
Moi qui croyais finir mes jours
à tes côtés
Le livre se ferme
Je le connais par cœur
Tu m'as laissé, tu m'as quitté
pour les bras d'un autre...

C'est bien beau une chanson, mais ça ne sert à rien si ce n'est pas enregistré et diffusé... Sans producteur, sans appui, sans argent, comment trouver les moyens et l'énergie de retourner en studio, puis de produire un clip, pour qu'elle puisse exister, et tracer son chemin ?

— Trouve un bon studio et enregistre-la, Loulou. Je te l'offre.

— Tu me l'offres ? Mais tu sais combien ça coûte ?

— Ça m'est égal, vas-y.

— C'est trop cher, Maman, tu n'as pas l'argent.

— Il me reste des bijoux.

— Tu vas pas vendre tous tes bijoux ?

— Je fais ce que je veux.

Elle a vendu ses derniers bijoux. J'ai trouvé un bon studio, à Montparnasse. Un vrai studio, professionnel, où enregistrent les plus grands. Cette fois-ci, je savais à peu près comment m'y prendre : j'ai réservé six heures, pour l'enregistrement et le mixage dans la foulée, de minuit à six heures du matin, parce que c'était les seuls créneaux disponibles.

On était arrivés au bout de la nuit. Les techniciens étaient en train de finir de mixer quand une femme est entrée dans le studio.

— Bonjour, c'est vous qui chantez ?

— Bonjour. Oui, c'est moi.

— Je travaille pour Wagram, vous connaissez ?

— Heu... Un peu, oui...

— C'est nous qui produisons Corneille, Orelsan, M, Caravan Palace, ça vous dit quelque chose ?

— Bien sûr !

— J'aime beaucoup ce que j'ai entendu. Je voudrais vous rencontrer d'urgence dans nos bureaux, c'est possible ?

Et comment que c'était possible ! Elle m'a laissé sa carte, je l'ai appelée en rentrant à Chantilly et on est allés la rencontrer à Paris, dans les bureaux de Wagram Music.

Quelques jours plus tard, j'ai signé un contrat. Mon premier contrat d'artiste.

16

Plus jamais seuls

La suite de ma vie de chanteur, c'est une autre histoire, qui n'est pas l'objet de ce livre. À une chanson près...

Encore un jour,
encore une heure à supporter
Si peu d'amour, tellement de peurs,
personne pour l'aider
Toujours ces regards froids
qui la tuent chaque fois
Derrière ses formes, un cœur qui bat...
Ils ne savent pas
Ses pas toujours plus hésitants
derrière la porte ce qui l'attend
Son corps provoquant les rires
une fois de plus, les yeux baissés
En silence, elle va regagner sa place
tout au fond de la classe
Tu n'es pas le problème mais leur bêtise,
les faits de l'injustice,
Un choix

Toujours ces regards froids
qui la tuent chaque fois
Oublie-les, tu es la princesse,
à leurs pieds, dépose ta détresse
Dans tes yeux, toute leur laideur
On passe notre temps à le gâcher
À se voir sans se regarder
La seule beauté, celle du cœur
Encore un jour,
encore une heure à supporter
Si peu d'amour, tellement de peurs,
personne pour l'aider
Toujours ces regards froids
qui la tuent chaque fois.

Je n'ai jamais cessé de penser à Marion, que je n'avais pas réussi à maintenir du côté de la vie. Dès que j'ai pu, j'ai écrit cette chanson pour elle et pour tous ceux qui, comme elle, et comme moi à une certaine période de ma vie, ont pu penser que l'unique solution était de mettre fin à leurs jours. Je me suis réconcilié avec Abdelhak et c'est avec lui que j'ai enregistré *En silence*. J'ai veillé, lorsque nous avons préparé le clip, à choisir une jolie demoiselle ronde pour danser sur la chanson.

Plus encore que *Seule*, *En silence* a touché des milliers, des centaines de milliers, des millions de cœurs. Et, grâce à TV5 Monde, a voyagé dans tous les pays francophones.

Mais ça ne m'a pas suffi. Je ne peux pas répondre personnellement à tous les appels au secours, tous les messages de détresse que ces chansons suscitent chez les internautes. Alors, j'ai cherché comment faire autrement. Comment aider, concrètement, les Marion et les Marving, les gros, les maigres, les moches, tous les mômes qui souffrent de harcèlement comme j'en ai souffert.

J'ai commencé à faire des conférences dans les établissements scolaires. J'avoue, les premières fois, je n'en menais pas large : retrouver cette ambiance, les cours de récré, les préaux, les sonneries toutes les heures, ça me fait à chaque fois un peu froid dans le dos. Il m'est même arrivé de me faire de nouveau bousculer, insulter par les caïds du lycée, lancer des craies ou des pierres...

Je ne sais toujours pas répondre à ces barbares. Mais je sais faire en sorte qu'ils ne m'empêchent plus de dire ce que j'ai à dire. Et j'ai même appris, peu à peu, à les plaindre et à les considérer, eux aussi, comme des victimes ; leurs propres victimes, harceleurs des autres mais massacreurs d'eux-mêmes. À quoi peuvent ressembler une vie, et un avenir, quand ils sont construits sur tant de haine, de bêtise, et d'irresponsabilité ?

Un jour, je suis allé faire une intervention dans le collège de Chantilly où j'ai passé des années si terribles. Quand j'ai franchi la grille, je tremblais de la tête aux pieds. Tout m'est revenu, comme une énorme vague remplie des violences, des terreurs, de l'immense solitude de ces années-là.

J'ai pris la vague, mais elle ne m'a pas emporté. Elle ne peut plus m'emporter, puisque je suis sorti, à jamais, du silence dans lequel les harceleurs m'avaient enfermé.

Ce jour-là, j'ai bien aperçu quelques profs mais aucun d'entre eux ne m'a reconnu : je n'existais toujours pas, pour eux... J'ai expliqué aux collégiens, si fiers d'accueillir dans leur établissement un ancien élève devenu « célèbre », que la seule manière de répondre au harcèlement, c'est de sortir du silence. Absolument. Même si ça fait peur, même si on vous menace des représailles les plus terribles, même si on vous interdit de parler.

Parlez, et si une fois ne suffit pas, parlez encore et encore, jusqu'à ce que vous trouviez quelqu'un qui vous écoute vraiment et qui vous aide à faire cesser l'inacceptable.

Mais ça ne m'a pas suffi. Alors, pour vous aider à sortir du silence, j'ai aussi créé, avec Jonathan Matijas, une plateforme, qui s'appelle « Plus jamais seul », où on vous écoute, où on vous croit, où on vous répond, où on vous protège et où on vous aide. Des gens comme moi, mais aussi des psys, des enseignants, des parents. Des adultes qui ont pris conscience qu'on ne peut pas laisser des centaines de milliers de jeunes aux prises avec quelques poignées de sauvages haineux, encouragés par l'anonymat des réseaux sociaux.

Des humains qui croient en l'humanité, et en la solidarité.

Pour que vous ne soyez plus jamais seuls.

17

« Ça ira, merci »

Je n'ai jamais fait l'Olympia, mais le 15 août 2017 j'ai chanté en première partie du grand Keen'V devant 27 000 personnes aux Grandes Prairies d'Arras. Et puis le 29 mai 2018, j'étais à l'Elispace de Beauvais, avec une chorale d'enfants, devant 2 500 personnes. C'est peut-être pour ça qu'il y a quelques semaines, j'ai reçu un message que je n'attendais plus : « *Coucou mon fils, j'espère que ça va, ça fait longtemps que j'ai plus de tes nouvelles, j'aimerais te revoir. Tu sais je suis fier de toi, je vois tout ce que tu fais sur les réseaux sociaux. Signé : ton père qui t'aime.* »

Dans un premier temps, je me suis dit « Ça ira, merci ». Et puis j'ai changé d'avis. J'avais attendu si longtemps qu'il m'aime, et qu'il me le dise… Pourquoi me priver de ce bonheur, si le moment était enfin arrivé ? Peut-être avait-il beaucoup changé, après tout ? Peut-être voulait-il me demander pardon ?

Je crois que j'étais prêt à accepter.

J'ai fini par répondre, donc. Et je lui ai donné rendez-vous dans l'arrière-salle d'un café, pour que nous puissions discuter tranquillement. J'avais tellement de choses à dire !

Quand je suis arrivé, il était déjà là. Accompagné d'une femme. Comme autrefois, sauf que là elle avait l'air d'être plus vieille et plus riche que lui. À ce détail près, j'ai cru que j'étais revenu quinze ans en arrière, mot pour mot :

— Je te présente Bidule. J'ai une grande nouvelle à t'annoncer, tu es le premier à le savoir : on est amoureux, on va se marier, la robe est déjà choisie.

J'ai eu envie de partir en courant. Je n'ai pas osé. Je suis resté, poliment, pour découvrir la suite.

— Je suis tellement content de te retrouver. On va se revoir plus souvent maintenant, hein ? Comme avant... Je ne voulais pas arriver les mains vides, alors je t'ai apporté un petit cadeau.

Qu'est-ce qu'il avait bien pu trouver, pour se faire pardonner et sceller nos retrouvailles ? Un beau stylo pour que j'écrive mes chansons ? Une montre stylée, pour que je mesure le temps passé ? Un pull en cachemire très doux pour m'envelopper de sa chaleur ?

Il a posé sur la table une boîte de ces mauvais chocolats qu'on trouve dans les supermarchés.

Je l'ai écouté ne parler que de lui, d'elle, de leur vie, de leurs projets, de leur maison et de leurs voyages, pendant un temps qui m'a semblé respecter les convenances. Et puis, sans attendre qu'il ait terminé, je me suis levé, sans rien dire, et je suis parti.

— Tu ne prends pas tes chocolats ?

— Ça ira. Merci.

Régulièrement, dans les rues de Chantilly où j'habite encore aujourd'hui, je croise l'un ou l'autre des barbares qui ont massacré mon bras et ma jeunesse. Ils me suivent sur les réseaux. Postent, parfois, des commentaires encourageants du genre : « *Marving ! Quel chemin parcouru depuis le collège ! Big up à toi mon frère.* » Il n'y a pas que ma mémoire à moi qui en a pris un coup…

Et quand – c'est arrivé ! – l'un d'entre eux traverse la rue et se dirige vers moi en me tendant la main, dans l'intention de serrer la mienne, je passe mon chemin en l'esquivant.

Ça ira, merci.

18

Ma vie d'après

Le 23 septembre 2020, ce livre est sorti en librairie, et toute ma vie a changé. C'était une période bizarre, en pleine pandémie, mais vous avez été des milliers, des dizaines de milliers même, à l'accueillir avec enthousiasme et solidarité. Et même si je n'ai pas pu venir à votre rencontre autant que j'avais prévu de le faire – confinements oblige –, vous m'avez soutenu et accompagné. J'ai reçu des centaines de témoignages de jeunes qui, comme moi, se sont retrouvés prisonniers de la honte et de la haine. Des centaines d'histoires parfois bien plus difficiles et dramatiques que la mienne.

Des centaines de menaces aussi. De messages dégueulasses, de mensonges agressifs, d'allégations venimeuses. J'ai décidé de laisser courir, comme toujours… Mais un jour, j'étais sur le plateau de Daphné Bürki, invité dans son émission. En retournant dans ma loge, j'ai trouvé dans mon téléphone un monceau d'immondices abjectes. Plus de deux cents messages de haine pure. J'ai senti quelque chose se déchirer dans mon cœur, comme si tout recommençait. Comme si je tombais, une fois encore, dans un abîme sans fond et sans fin. Comme si la peur revenait pour m'attraper à nouveau et me dire qu'elle ne me lâcherait jamais. Jamais.

C'est mon esprit qui a lâché. Je me suis retrouvé à l'hôpital pour quelques heures, le temps de sortir de la panique et de reprendre pied. Et puis j'ai écouté mon éditeur, et mon avocat, qui a écrit à mes harceleuses ce qui leur en coûterait si elles ne cessaient pas leurs attaques.

Elles se sont tues, immédiatement : les harceleurs ont peur de la loi. Ne perdez jamais ça de vue, je le répéterai aussi souvent que nécessaire pour vous en convaincre : LES HARCELEURS ONT PEUR DE LA LOI.

Et puis devinez quoi ? J'ai retrouvé Émir, et ça m'a fait drôlement plaisir ! Il bosse chez Decathlon, pas très loin de chez moi. Quand il a entendu parler de moi, il m'a envoyé un petit mot pour me dire qu'il était content et fier que je m'en sois sorti. On s'est donné rendez-vous pour boire un pot. Au détour d'une phrase, il m'a avoué qu'à l'époque il ne savait pas comment s'y prendre pour m'aider. Je le comprends. Je ne lui en veux pas. C'est aussi pour que tous ceux qui veulent aider puissent savoir comment s'y prendre que j'ai raconté mon histoire…

Parce qu'on ne se refera pas, ni lui ni moi, j'ai eu droit aussi, après la sortie du livre, à un ultime rebondissement paternel. Une fois encore, après m'avoir vu sur un écran de télé, il m'a envoyé un message pour me proposer des retrouvailles. Une fois encore, j'ai accepté, parce que le petit gars qui sommeille à l'intérieur de moi continue de rêver de retrouver son papa. Une fois encore, ça n'a pas marché. On a fini par comprendre, lui et moi, mais c'est moi qui ai décidé :

— J'ai grandi sans toi. Restons-en là.

Il n'a rien répondu ; qu'y a-t-il à répondre ? Il est parti. Pour de bon, cette fois-ci, je crois.

Dès que les conditions sanitaires l'ont permis, j'ai recommencé à venir dans les collèges et les lycées pour rencontrer les élèves et les profs capables de s'intéresser au problème. Chaque fois que je franchis le portail d'un établissement scolaire, chaque fois que je respire l'odeur des couloirs et des salles de classe, que j'entends le brouhaha d'une cour de récré, c'est plus fort que moi : tout mon corps se souvient. Et la peur revient, comme un réflexe. Mais je sais quoi en faire et elle ne m'empêche plus. Ni d'avancer ni d'affronter les inévitables fauteurs de troubles des rangs du fond, qui ont tellement besoin, pour exister, de se moquer de mes « faiblesses ». J'encaisse. Ils ne me font plus peur. Je les plains de n'avoir rien d'autre à faire de leur vie. Et je me concentre sur tous les autres, en me disant que, parmi eux, certains vont trouver la force, grâce à mes mots à moi, de sortir du silence. Et que d'autres vont avoir l'envie, en m'écoutant ou en me lisant, de se tenir aux côtés de ceux qui souffrent. C'est exactement ce qu'ils me disent, quand ils viennent me parler avant que je m'en aille. Et ce que confient aussi les auditeurs de notre libre antenne du samedi soir… Et devinez quoi ? Ça fait de moi un homme libre. Solide et heureux. Utile…

Et puis, vous le savez sans doute parce qu'on ne l'a pas caché bien longtemps : je suis amoureux ! J'ai rencontré Nathalie sur les réseaux, juste à la fin de l'écriture de ce livre. On s'est beaucoup parlé avant de se rencontrer. Et on s'est beaucoup aimés assez vite. Une fois encore il a fallu affronter les avis sans nuance et les méchancetés sans esprit de tous ceux à qui ça déplaît. Peu importe. Ce qui compte aujourd'hui, c'est que tout va bien entre nous. Je découvre auprès d'elle ce que c'est qu'être des compagnons : moi, un homme sur qui elle peut compter ; elle, une femme sur qui j'ai la chance de pouvoir compter moi aussi. Cette belle histoire a aussi fait de moi un beau-père un week-end sur deux et la moitié des vacances ! C'est une belle aventure, un voyage au long cours qui m'apprend à grandir et me fait mûrir. Tranquillement, en confiance, dans le respect de chacune et chacun. Ça change tout, l'amour !

C'est sans doute la plus belle conclusion que je peux offrir à ce livre, à vous qui le lisez, et à tous ceux qui sont à un moment de leur vie où ils pensent que tout est foutu et que jamais rien ne pourra les sortir de ce qui les enferme. Vous le savez maintenant : je suis passé par là. J'ai cru que j'en mourrai. Mais je n'en suis pas mort. Je n'ai même jamais été aussi vivant. Et aussi heureux.

ANNEXES

Ma boîte à outils

Depuis que je chante, je reçois beaucoup de témoignages de jeunes qui, comme moi, sont harcelés sans parfois réaliser de quoi ils sont victimes, ou sans savoir quoi faire. Régulièrement, on trouve dans les journaux des histoires atroces qui se finissent bien plus mal que la mienne. C'est pour ça que j'ai écrit ces chansons, ce livre, et c'est aussi pour ça que j'interviens dans les collèges et les lycées : pour dire avec mes mots – vos mots – ce que je n'ai pas osé dire pendant toutes ces années.

J'ai grandi, depuis. J'ai compris que, même si à l'époque ça me paraissait impossible d'y parvenir, il n'y a qu'une solution pour régler son compte au harcèlement : parler. Prendre la parole pour sortir de l'isolement et de ce tête-à-tête terrifiant auquel nous condamnent les harceleurs. Ils nous font croire que nous sommes seul.e, nul.le, sans intérêt. Ils nous font peur. Ils nous font mal. Et, en nous soumettant au silence, en nous y contraignant, ils font de nous leur complice.

Ça suffit. Je vous le dis haut et fort : dès que vous parlez, ils perdent leur puissance sur vous, et dès que vous trouvez les bons alliés, ils se dégonflent.

Pour vous aider à trouver des solutions, nous avons interviewé trois spécialistes : Olivier Catoire, proviseur au lycée Félix-Faure de Beauvais ; Hélène Romano, psychothérapeute, expert près les tribunaux, auteur d'un livre très clair sur le harcèlement[1] ; Isabelle Sabatier, adjudant-chef de gendarmerie, responsable de la brigade de prévention de la délinquance juvénile du Gard, première à innover dans ce domaine, en collaboration avec l'Éducation nationale.

Ces outils vous sont destinés, à vous les élèves harcelés, harceleurs ou témoins de harcèlement ; à vous les parents inquiets pour vos enfants ; à vous les professionnel.les de l'Éducation nationale. Pour que ça n'arrive plus jamais…

1. *Le Harcèlement scolaire*, éditions ITPR, collection « Les dix indispensables », 2018

Le harcèlement, c'est quoi ?

La question semble idiote, mais elle ne l'est pas : pour se défendre, il est important de savoir de quoi il est réellement question. Tant pour les victimes que pour leurs parents, ou les adultes qui agiront pour prendre leur défense.

1) Savoir faire la différence

<u>Ce n'est pas un jeu</u>

Beaucoup d'élèves ne voient pas la différence entre le harcèlement et un « jeu » auquel ils ne parviendraient pas à s'intégrer parce qu'on leur explique qu'ils sont trop nul.les (ou trop gros. ses, ou trop maigres, ou trop noir.es, ou pas assez musclé.es, etc.). La différence est pourtant claire : dans un jeu, tout le monde doit s'amuser, et pas seulement certains aux dépens de certains autres.

Si le « jeu » tourne toujours en ta défaveur, et que tu en sors triste et humilié.e pendant que les autres rigolent ou s'en foutent, c'est du harcèlement.

<u>Ce n'est pas du racket, un différend ou une bagarre</u>

Beaucoup d'adultes ont aussi du mal à faire la différence entre le harcèlement et le racket, ou un différend qui s'envenime, ou une bagarre qui tourne mal. Les différends et les bagarres, déclenchés par une situation précise (si stupide soit-elle), peuvent avoir des conséquences très graves, mais aussi se régler avec des explications, des négociations et une volonté de faire la paix. Ce n'est pas du harcèlement.

Le harcèlement, ce sont des actes intentionnels répétés, qui usent psychiquement, comme des milliards de gouttes d'eau sont capables de creuser une pierre. C'est une attaque gratuite, sans autre objet qu'humilier : la différence avec le racket, c'est qu'on te pique tes objets pour les détruire, pas pour les revendre. Et que les violences ne sont pas destinées à régler un conflit, mais seulement à te rappeler – et à rappeler à tous ceux qui en sont témoins – que tu comptes pour rien.

Les harceleurs ne sont plus capables de se mettre à ta place. Dans le harcèlement il n'y a plus d'empathie, plus d'acceptation de l'altérité, plus de respect de l'autre.

<u>Ça ne s'arrête jamais</u>

Pendant toute la période où j'ai été harcelé, les réseaux sociaux n'avaient pas l'importance qu'ils ont aujourd'hui, et tous les élèves n'étaient pas équipés pour y accéder. Mais il faut que les adultes aient conscience que, désormais, ce qui se passe à l'école ne se termine pas quand on rentre à la maison.

Le harcèlement se poursuit sans répit sur Internet, s'envenime, prend de l'ampleur et met la victime sous pression 24 heures sur 24, 7 jours sur 7 et aussi pendant les vacances.

2) Qui sont les harceleurs ?

Il ne faut pas perdre de vue que, la plupart du temps, un harceleur est un harcelé qui a changé de camp pour se sauver ou se réparer. Et que, s'il te fait souffrir le martyre, il souffre beaucoup lui aussi : aussi inimaginable que ça puisse te paraître, même s'ils font tout pour te faire croire le contraire, tes harceleurs ne sont pas des gens heureux pour qui tout va bien. Ce qu'ils te font subir les abîme autant que ça t'abîme toi ; cela ne leur permet pas de devenir des personnes équilibrées et bien dans leur peau, même si les apparences semblent dire l'inverse.

Le harcèlement ne sauve de rien ; il ne répare rien de ce que le harceleur lui-même subit ou a subi.

<u>Il existe trois profils de harceleurs :</u>
- les harceleurs-harcelés, qui deviennent meneurs après avoir été victimes, par vengeance ou juste pour s'extirper de leur statut de victime. Ils répètent à l'école ce qu'ils ont eux-mêmes subi, ou parfois ce qu'ils subissent encore, par exemple dans leur famille ou dans leur quartier ;
- les harceleurs souffrant de troubles psychiatriques lourds, qui trouvent du plaisir à blesser l'autre. Toujours meneurs eux aussi, ils n'intègrent pas la loi, et les condamnations ne les atteignent pas. Ce sont les moins nombreux, mais souvent les plus terribles ;

— les harceleurs-suiveurs, qui emboîtent le pas aux meneurs pour ne pas avoir d'ennuis et ne pas être harcelés à leur tour.

Il arrive aussi que certains élèves soient pris dans une spirale infernale et dangereuse de harcèlement mutuel, dont ils sont à la fois auteurs et victimes, qui les pousse toujours plus loin et dont ils ne peuvent sortir ni l'un.e ni l'autre.

3) Pourquoi il faut réagir ?

Le harcèlement n'a pas que des effets immédiats (psychologiques, physiques, parfois sexuels, scolaires, familiaux). C'est aussi un vrai poison psychique qui continue son travail de sape, pour les harcelés et pour les harceleurs. Il peut provoquer des conséquences différées, parfois plusieurs années plus tard. Des enfants harcelés en maternelle ou en CP craquent au collège ; des jeunes s'effondrent en terminale parce qu'ils ont été harcelés en troisième, sans que personne ne fasse le lien.

C'est parce que ce qui n'a pas été exprimé, et réparé, peut exploser plus tard qu'il faut absolument parler et agir quand on est harcelé (ou harceleur).

4) Ce que prévoit la loi

Pour que la justice intervienne, il faut porter plainte. Voilà comment ça fonctionne :

— étape 1 : on porte plainte à la police ou à la gendarmerie, ou on écrit au procureur de la

République (au tribunal de grande instance de la ville la plus proche) ;
- étape 2 : les victimes, les auteurs et les témoins sont auditionnés ;
- étape 3 : une enquête est diligentée ;
- étape 4 : le dossier est transmis au procureur de la République, qui décide de classer sans suite ou de poursuivre.

<u>Les harceleurs peuvent être poursuivis pour différents délits :</u>
- le harcèlement est défini par l'article 222.33.2 du code pénal. Peine encourue : 2 ans de prison et 30 000 € d'amende ;
- les violences, assorties des circonstances aggravantes suivantes :
    - sur un mineur de moins de 15 ans
    - dans l'enceinte de l'établissement scolaire
    - en réunion (à plusieurs auteurs)
    - par un ou des auteurs sous emprise de l'alcool ou de stupéfiants.

<u>La loi distingue trois sortes de violences :</u>
- les violences aggravées ayant provoqué une incapacité temporaire de travail inférieure ou égale à 8 jours (article 222.13 du code pénal). Peine encourue :
    - avec une circonstance aggravante : 3 ans de prison et 4 500 € d'amende
    - avec deux circonstances aggravantes : 5 ans de prison et 7 500 € d'amende

- avec trois circonstances aggravantes : 7 ans de prison et 100 000 € d'amende ;

— les violences aggravées ayant provoqué une incapacité temporaire de travail supérieure à 8 jours (article 222.13 du code pénal). Peine encourue :

- avec une circonstance aggravante : 5 ans de prison et 7 500 € d'amende
- avec deux circonstances aggravantes : 7 ans de prison et 100 000 € d'amende
- avec trois circonstances aggravantes : 10 ans de prison et 150 000 € d'amende ;

— les violences ayant provoqué une infirmité permanente ou une mutilation. Peine encourue : 10 ans de prison et 150 000 € d'amende.

Pour les élèves

Je le dis, je le redis, et on ne le redira jamais assez : même si je ne pouvais pas l'imaginer quand j'étais aux prises avec mes bourreaux, le seul moyen de se sortir de leurs griffes, c'est de parler. Si possible avant de se retrouver comme moi à l'hôpital, ou dans une situation encore plus dramatique.

1) Si tu es témoin de harcèlement

Alerte les adultes

Si quelqu'un m'avait posé la question à l'époque, je l'aurais supplié de se taire, mais avec le recul je pense que ça m'aurait beaucoup aidé que des élèves de ma classe ou de mon collège prennent la parole à ma place et signalent la situation horrible dans laquelle je me trouvais à des adultes capables d'intervenir.

Alors, je t'en supplie, si tu es témoin de harcèlement, ne fais pas comme si tu ne savais pas : alerte les adultes tant qu'il est encore temps.

Parler ne fait pas de toi une « balance », mais un être humain qui porte assistance à une personne en danger.

— Si tu ne te sens pas assez solide pour le faire tout seul, trouve deux ou trois potes pour t'accompagner et allez signaler à un adulte de confiance (prof, proviseur, conseiller principal d'éducation [CPE], infirmière

scolaire, surveillant, parent...) qu'un élève est en danger ;
— si tu n'arrives pas à le dire, écris-le, et dépose ta lettre à un endroit où tu es sûr.e que la personne à qui elle est adressée la trouvera ;
— si tu as peur de signer ta lettre, ne la signe pas mais veille à ce qu'elle contienne suffisamment d'informations pour que les adultes puissent intervenir.

Si tu vois que ton intervention n'a eu aucun effet et que l'élève est toujours en danger, trouve un autre adulte et recommence.

Ne nous laisse pas seul.e

Pendant mon interminable scolarité, tous les élèves qui ont été gentils avec moi et qui ont fait un geste en ma direction, qui m'ont intégré dans leur groupe de discussion, de jeu ou d'activité, qui m'ont montré un peu de considération, de respect ou d'affection, qui m'ont traité comme une personne « normale » m'ont été d'un grand secours. J'en profite pour les remercier.

Tout ce que tu feras en direction des élèves isolés et murés dans leur solitude sera précieux pour eux, même s'ils ne te le disent pas, et même s'ils ne s'en rendent pas compte immédiatement.

2) Si tu es victime de harcèlement

Tu n'es pas seul.e dans ton cas

Bien au contraire ! On ne connaît pas le nombre de jeunes souffrant de harcèlement scolaire, justement parce que beaucoup de victimes se taisent, comme je me suis tu moi-même pendant si longtemps. Il serait question d'un élève sur dix. Et d'un élève sur cinq victimes de cyber-harcèlement...

Vous êtes très nombreux. Et nous sommes aussi très nombreux à vouloir vous aider.

Ce qui t'empêche de te confier

Je connais : je suis moi-même passé par là. Et comme tu l'as lu dans mon histoire, il m'a fallu du temps, du courage et de l'aide pour pouvoir en parler aujourd'hui tranquillement, et te donner quelques pistes qui, j'espère, t'aideront à comprendre ce qui t'arrive et à trouver les ressources pour que ça cesse.

— La honte. C'est la première victoire des harceleurs : ils réussissent à nous convaincre qu'ils ont raison et qu'on doit vraiment avoir honte de ce qu'ils nous accusent d'être. Honte d'être différent.e, trop grand.e, trop petit.e, trop gros.se, trop maigre, trop jeune, trop âgé.e, trop « intello », trop maladroit.e, trop moche, etc. Honte d'être soi. Qui que tu sois, leur stratégie est de te convaincre que ça ne va pas, et que tu devrais être autrement. Si possible comme eux. Mais, dans le fond, n'aurais-tu pas encore plus honte de toi si tu étais comme eux ?

Ce n'est pas à toi mais à eux d'avoir honte de ce qu'ils sont et de ce qu'ils te font subir.

— La culpabilité. Là encore, c'est le monde à l'envers : ils font n'importe quoi et tu te sens coupable. Mais coupable de quoi ? Moi, je me suis senti nul de ne pas savoir m'intégrer ni me défendre, d'être incapable de leur tenir tête, de ne pas trouver de solution pour me sortir de là, d'être totalement inutile. Et puis d'être potentiellement un poids pour ma maman, une usine à problèmes, une personne sans intérêt. J'ai pensé que tout était de ma faute. Et j'avais tort sur toute la ligne.

On n'est jamais « coupable » d'être ce que les autres n'aiment pas chez nous. En revanche, les harceleurs sont coupables de harcèlement, et c'est puni par la loi.

— La peur. Alors là, c'est ma spécialité : la peur, je connais par cœur ! Une fois que tes harceleurs ont réussi à l'installer chez toi, tu lui obéis au doigt et à l'œil, et du coup à eux aussi. Non seulement tu as peur de leurs menaces, mais en plus tu en as honte et tu te sens coupable d'être soumis.e à cette peur. C'est logique. C'est ce qu'ils veulent obtenir. Une fois que la peur est là, tu vas tout voir, tout entendre, tout faire en passant par elle, et toutes tes perceptions en seront déformées. Plus elle gagne du terrain, plus ta peur t'isole et te pourrit la vie. Mission accomplie...

Ne perds jamais de vue que ta peur est comme un filtre qui fausse toutes tes perceptions.

Voilà. Tu en es là. Piégé.e par la honte, la culpabilité et la peur qui te font croire qu'il n'y a rien à faire. Que si tu t'écrases, te recroquevilles, te fais le plus petit possible, ça va finir par se régler tout seul. C'est une erreur. Plus tu attends, plus il est difficile de parler. À moins que les harceleurs disparaissent par miracle (j'ai cru ça à la fin de la sixième, j'ai rêvé qu'ils déménageaient tous en même temps, mais les miracles, c'est quand même rarissime...), ça ne se règle jamais tout seul. C'est pour cette raison qu'il n'y a qu'une solution : même si ça te semble insurmontable, impossible, inimaginable, il faut que tu en parles.

Si personne ne fait rien, ça s'installe et ça s'aggrave. Le harcèlement, si on n'en parle pas, ça ne s'arrête pas.

Trouver la bonne personne à qui parler

Je sais, ça te paraît impossible. Pourtant, il y a forcément dans ton entourage, proche ou un peu plus lointain, un adulte qui peut t'aider.

Les adultes ne peuvent pas intervenir sur des situations qu'ils ne connaissent pas.

— Raconter son histoire de façon anonyme, sur les réseaux sociaux, comme je l'ai fait moi-même, peut t'aider à te sentir moins mal et à vider ton sac. Et aussi à réaliser que tu n'es pas seul.e dans ton cas, que d'autres vivent la même chose que toi, et que d'autres qui ne sont pas harcelés sont solidaires avec toi.

C'est un bon début, mais ça n'est pas suffisant pour te sortir de là.

— J'ai passé toute ma scolarité à cacher à ma mère que ma vie était un enfer, parce que je pensais que c'était mon rôle de la protéger et que ça lui ferait trop de peine, trop de souci, trop de pression d'avoir mes problèmes à régler, en plus des siens. J'ai eu tort. Vraiment, vraiment tort. Ce dont ont besoin les parents, quand ils sont de bons parents comme ma mère, c'est d'être informés de ce qui arrive à leurs enfants pour pouvoir les protéger.

C'est le rôle des parents de protéger leurs enfants, pas l'inverse.

— Si, pour une raison ou une autre, tu penses que tes parents ne sont pas capables de te protéger, tu dois trouver d'autres adultes pour le faire. Soit dans ton entourage personnel ou familial : un grand-parent, un parrain ou une marraine, un oncle ou une tante, un grand frère ou sœur ou cousin.e, mais aussi un.e voisin.e, un.e ami.e de la famille... Soit à l'école : le CPE, un.e prof ou un.e surveillant.e que tu aimes bien, l'infirmier.e scolaire, le ou la proviseur.e...

Statistiquement, ce n'est pas du tout possible qu'il n'y ait absolument aucun adulte de confiance dans ton entourage, ton école, ton collège ou ton lycée.

— Si tu ne sais vraiment pas à qui t'adresser dans ton entourage, ou que tu n'oses pas, ou que tu as besoin de plus d'informations, tu peux utiliser les plateformes d'aide et numéros d'appel que tu trouveras dans « Où trouver de l'aide ? » (page 182).

Et si jamais tu alertes un adulte et qu'il ne fait rien pour t'aider, c'est que tu t'es trompé de personne. Cherches-en une autre, tu vas forcément finir par trouver.

3) Si tu ne sais pas comment t'arrêter de harceler

Parfois, on s'embarque dans des situations dont on n'arrive plus à se dépêtrer, même si on en a envie. Harceler des plus faibles n'est pas une manière normale de vivre en société, tu le sais très bien. Si tu lis ces pages, c'est que ça te fait souffrir : toi aussi, comme tes victimes, tu as honte, tu te sens coupable et tu as peur de la façon dont tout ça va finir.

Tous les conseils énumérés dans ces pages sont aussi valables dans ton cas : le meilleur moyen de t'en sortir, c'est de trouver la bonne personne à qui parler. Un adulte digne de confiance, que tu trouveras dans ta famille, dans ton entourage, dans ton école ou sur une plateforme d'écoute (contacts dans « Où trouver de l'aide », page 182), et qui saura comment t'accompagner pour sortir de ce mauvais pas avant qu'il ne soit trop tard, et que tes agissements aient des conséquences irréparables.

Moi, j'ai perdu mon bras, mais certains harcelés ont perdu beaucoup plus que ça ; jusqu'à la vie parfois. Vivre avec cette responsabilité sur la conscience jusqu'à la fin de son existence, c'est forcément un enfer.

Pour les parents

1) Comprendre de quoi il s'agit

Parents, c'est aussi pour vous que j'ai écrit ce livre : pour que vous compreniez ce qui peut se passer dans la vie et dans la tête d'un enfant ou d'un ado. Et que vous fassiez bien la différence entre une « mauvaise ambiance », une bagarre qui tourne mal, du racket et le harcèlement.

Sachez de quoi il s'agit, ne serait-ce que pour être crédible vis-à-vis de l'école ou des forces de l'ordre lorsque vous irez leur en parler.

Soyons honnête : les enfants ou ados harcelés sont parfois de vraies « têtes à claques ». Quand je me revois, complètement replié sur moi-même, écouteurs vissés dans les oreilles, incapable de communiquer ou de sortir de ma bulle, je me dis que j'ai pu en énerver plus d'un. Ça explique peut-être, mais ça n'excuse sûrement pas. Il n'y a aucune excuse valable au harcèlement ! Même si vous pensez que votre enfant est exaspérant, qu'il devrait « faire un effort » pour s'intégrer, que les profs ont sûrement de « bonnes raisons » de ne pas le soutenir et que, s'il se « comportait mieux », tout se passerait plus normalement, par pitié, ne le laissez pas se débrouiller seul dans une situation aussi désespérante.

Ce dont il a le plus besoin, c'est de votre soutien et de votre aide, pour ne pas donner prise aux harceleurs ou pour se sortir de ce mauvais pas.

2) Lui donner des outils

Avant que la situation ne s'envenime vraiment, vous pouvez aider votre enfant à affronter l'adversité en lui proposant d'acquérir quelques outils qui lui serviront toute sa vie.

Prendre confiance

Proposez-lui d'apprendre à se défendre en s'initiant à un sport de combat. Non pas pour le ou la transformer en Rambo, mais pour lui donner suffisamment confiance en lui ou en elle pour ne pas intéresser les harceleurs.

Rester zen

Exercez-vous avec lui à la communication non violente : elle permet de ne pas se laisser faire sans agresser à son tour. Trois techniques faciles[1] :

— le miroir : on répond à l'agression par une question. Exemple : « Tu ressembles vraiment à rien » – « À quoi voudrais-tu que je ressemble ? »

— l'esquive : on renvoie l'agressivité à l'autre sans qu'elle nous atteigne. Exemple : « Tu ressembles vraiment à rien » – « Ça te pose un problème ? Tu veux qu'on en parle ? »

1. Dans *J'me laisse pas faire dans la cour de récré*, de Florence Millot, Horay, 2018

— le bouclier : faire la différence entre l'agresseur et soi. Exemple : « Tu ressembles vraiment à rien » – « T'as le droit de penser ce que tu veux » ;
— aidez-le à renforcer son estime de soi et à prendre conscience de sa valeur et de ses talents.

3) Repérer les signaux

Quand ça barde à l'école, tout se dérègle dans la vie : manque de confiance en soi (« j'y arriverai jamais », « pas la peine que j'essaie »), dévalorisation systématique (« je suis nul.le, gros. se, moche, débile », etc.), perte de joie de vivre, isolement, mise à l'écart. Et aussi troubles alimentaires (on ne mange plus ou on mange trop), troubles du sommeil et cauchemars, demande ou vol d'argent. Et puis perte d'envie de participer aux activités qu'on aimait, parfois à la folie (quand je pense qu'ils ont réussi à me dégoûter du foot !), mauvais résultats scolaires, envie de mourir…

Il n'y a pas de signaux spécifiques au harcèlement, mais plein d'indices, parfois bien cachés, qui disent qu'on est en train de traverser une passe difficile.

4) En parler ensemble

Quand on est harcelé, ce n'est pas qu'on n'a pas envie que nos parents nous en parlent, mais on pense que c'est dangereux pour nous de sortir du silence et que, si on les met au courant, ils vont faire exactement ce qu'on ne veut pas qu'ils fassent.

Alors, pour nous aider à avoir moins peur, moins honte, et à moins se sentir coupable, voilà quelques trucs que vous, les parents, devez savoir.

Bien choisir les mots

— Évitez les « pourquoi ». Pourquoi tu fais toujours la tête ? Pourquoi tu ne vas plus faire de sport ? Pourquoi tu ne vois plus tes copains ? Et aussi les « tu devrais » et autres « moi, à ton âge ». Nous, on est sûrs que vous n'avez rien compris et que vous ne pouvez pas comprendre, alors vos questions…
— essayez plutôt les questions ouvertes et une approche moins directe, beaucoup trop brutale pour nous. Au lieu de « Tu es sûr que tu vas bien ? », plutôt : « Je me demande comment je peux t'aider ». Ou : « J'ai l'impression que quelque chose ne va pas. »

Nous croire

Si, par bonheur, on arrive enfin à vous expliquer ce qui ne va pas, même si ça vous démange, épargnez-nous les « Pourquoi tu me l'as pas dit plus tôt ? », « Tu es sûr de ce que tu dis ? », « Tu sais que c'est très grave, ces accusations ? » Ou, pire encore : « Tu l'aurais pas un peu cherché ? », « Tu crois pas que c'est un peu de ta faute ? »

On a besoin que vous nous croyiez, et que vous nous aidiez. Pas que vous nous fassiez nous sentir encore plus nul.les qu'on ne se sent déjà.

Accepter de ne pas être le bon interlocuteur

Ne soyez pas vexé si votre enfant choisit de se confier à un autre adulte que vous. Cela ne veut pas dire que vous êtes un mauvais parent, mais plutôt que c'est trop difficile pour lui ou elle de vous parler à vous. Parce qu'il vous aime trop, parce qu'il a peur de vous décevoir, de vous blesser ou de vous mettre en difficulté. Si vous voulez vraiment l'aider, acceptez d'en parler plus tard et aidez-le à trouver des ressources ailleurs.

Ce n'est pas parce qu'on ne vous aime pas ou qu'on n'a pas confiance en vous qu'on ne vous appelle pas à l'aide. C'est parce qu'on est perdu et qu'on ne sait pas comment faire.

5) Intervenir ?

Autant vous le dire tout de suite : la plupart du temps, on est contre le fait qu'un adulte intervienne. On nous a tellement raconté et on s'est tellement raconté à nous-même que si les parents s'en mêlent, on est morts, que c'est la dernière chose qu'on acceptera que vous fassiez. J'ai si bien supplié ma petite maman qu'elle a craqué : chaque fois qu'elle a voulu intervenir, je l'en ai empêchée. Les deux seules fois où je n'ai pas pu m'y opposer, c'est quand je me suis retrouvé à l'hôpital. Je vous déconseille l'expérience.

Il va falloir nous expliquer que c'est votre boulot d'intervenir, et que si vous ne le faites pas ça sera de pire en pire. Que c'est votre rôle de parents ; que vous ne pouvez pas nous laisser dans cette situation.

Et même si, dans un premier temps, ça peut empirer les choses, à terme c'est la seule manière de trouver une issue à la situation.

La meilleure solution, une fois que vous avez à peu près compris ce qui se passe, n'est surtout pas d'intervenir directement auprès des harceleurs, mais plutôt de faire fonctionner les institutions, qui sont prévues pour ça. Et, si ce n'est pas le cas, d'insister pour qu'elles jouent leur rôle. En fonction de la gravité de la situation, vous pouvez mettre en œuvre chacune de ces étapes les unes après les autres, ou toutes en même temps.

<u>Alerter l'école</u>

Contactez d'abord l'enseignant dans la classe duquel se passe le problème, ou le professeur principal. Et si ça ne suffit pas, le responsable de l'école, du collège ou du lycée. Et si ça ne suffit pas, écrivez à l'inspecteur d'académie. Ou, si ce qui arrive vous semble trop grave, faites les trois démarches simultanément. Même si vous êtes très énervé, veillez à être factuel et pas trop accusateur : exactement comme chacun d'entre nous, plus l'institution se sentira agressée, plus elle aura une réaction de rejet…

Ne perdez pas de vue que le but n'est pas de faire un scandale, mais de trouver une solution.

Déclarer à l'assurance scolaire

— Faites établir un certificat par votre médecin généraliste, qui détaillera les traces de coups, les blessures, mais aussi les troubles de stress post-traumatique (TSPT)[1] (flashbacks, cauchemars, images mentales qui tournent en boucle, tension, nervosité, anxiété, peurs paniques…) provoqués par le harcèlement ;

— envoyez un mail de déclaration d'accident en milieu scolaire à votre assurance et un courrier avec accusé de réception au chef d'établissement expliquant qu'à l'école, tel jour à telle heure, votre enfant a visiblement été victime de harcèlement scolaire, et demandez qu'une déclaration soit faite à l'assurance. En ouvrant ce dossier d'assurance, vous ouvrez les droits de votre enfant à une prise en charge médicale et/ou psychologique, éventuellement à un aménagement scolaire et, si besoin, à une priorité de changement d'établissement.

C'est toujours une bonne idée d'aller voir un (bon) médecin et de garder une trace de cette évaluation, pour un éventuel dossier.

1. Plus d'info dans *La Mémoire traumatique*, d'Hélène Romano, éditions ITPR, collection « Les dix indispensables », 2018

Porter plainte

Si vous considérez que les faits dont est victime votre enfant sont graves – et le harcèlement est souvent un fait très grave –, il est important de porter plainte. Mais n'imaginez pas obtenir justice ou réparation : la justice est très lente, et la plupart des plaintes sont classées sans suite. Pourtant, porter plainte permet d'inscrire ce qui arrive dans le cadre de la loi, pour que les responsables – les harceleurs, mais aussi les adultes qui ne sont pas intervenus alors qu'ils savaient, ou l'école qui n'a pas su assurer la sécurité de ses élèves – soient informés et prennent conscience que la situation est inacceptable. Et pour qu'il reste une trace dans le système judiciaire, dans l'éventualité d'une récidive ou d'une sur-aggravation de la situation.

Même si la plupart des plaintes n'aboutissent pas, porter plainte permet de désigner clairement, aux yeux de votre enfant, de l'école et de la société, qui est la victime et qui est l'agresseur.

Changer d'établissement scolaire, ou pas ?

— Si votre enfant est d'accord, ou le réclame, c'est évident : changer d'établissement et s'éloigner de ses harceleurs lui permettra de prendre un nouveau départ. Surtout si ce changement est accompagné d'un suivi psychologique qui l'aidera à se sentir plus fort, à réaliser qu'il a été victime et à réparer les blessures intimes que ça lui a causé ;

— si votre enfant refuse de changer d'établissement, tenez compte de son avis : il pourrait prendre ce changement – qui souvent le coupera de ses copains et de ses activités annexes, et bouleversera sa vie quotidienne, par exemple en rallongeant son temps de transport – comme une double peine et la validation que c'est lui qui est en tort, pas ses agresseurs...

Être harcelé, c'est avoir l'impression de perdre le contrôle de sa vie. Changer d'école peut aider à retrouver ce contrôle ou, au contraire, à avoir l'impression de le perdre un peu plus...

Proposer un suivi psychologique

Mais pas n'importe lequel. Le harcèlement peut être un vrai traumatisme. Si les troubles de stress post-traumatique (TSPT) ne sont pas pris en charge, ils peuvent s'installer durablement. La bonne nouvelle, c'est que ça se soigne. Trouvez un bon psy, assurez-vous qu'il connaît les TSPT et sait comment les traiter.

Se soigner le plus tôt possible, c'est éviter de traîner pendant des années des syndromes qui vous pourrissent la vie.

Pour les enseignants et les membres de l'Éducation nationale

Si vous êtes arrivés jusque-là, c'est que vous avez lu mon histoire et que vous vous sentez concernés. Je vous en remercie. Durant ma scolarité, j'ai bien vu que certains d'entre vous peuvent se retrouver eux aussi en difficulté face aux petits caïds qui organisent le chaos dans l'école. Face aussi aux élèves comme moi, qui ne réagissent à rien, n'échangent rien, ne savent pas communiquer avec vous. Et encore face à la violence et à l'agressivité des échanges « ordinaires » entre élèves, à qui ça peut sembler « normal », alors que vous, ça vous choque.

L'objectif de ce livre n'est pas de désigner des coupables, mais de trouver des solutions pour que ce que j'ai subi, et que subissent un grand nombre d'élèves, n'arrive plus jamais. Voilà ce que vous pouvez faire, vous, de votre côté.

1) Faire attention à nous

De la même manière que les parents, vous pouvez être attentifs aux « signaux faibles » qui indiquent que quelque chose ne va pas. Et, dans le cas du harcèlement, essayer de considérer l'élève comme victime plutôt que comme responsable de ce qui lui arrive.

Ce dont nous avons le plus besoin, c'est d'une relation de confiance avec vous, qui nous permettra de dire ce qui se passe et de recevoir votre aide.

2) Alerter la hiérarchie

Même si nous vous supplions de ne pas le faire, et que vous n'avez pas envie de mettre cette machine en route, il est indispensable d'alerter votre hiérarchie. Le responsable d'établissement – ou, s'il ne réagit pas, le recteur d'académie – doit agir. Il n'a pas le pouvoir de porter plainte et de se substituer à un responsable légal, mais il peut encourager vivement les élèves et les familles à faire valoir leurs droits. Et, en cas de danger imminent, il doit faire un signalement au procureur de la République, ou engager une procédure d'information préoccupante aux services sociaux.

<u>Recadrer l'agresseur</u>

Le responsable d'établissement doit recevoir les parents de la victime et convoquer l'agresseur pour faire un point avec lui. Il doit le voir avec le ou la CPE pour bien recadrer les choses, avertir sa famille et le sanctionner. Immédiatement.

<u>Rappeler la loi</u>

Le responsable d'établissement peut aussi mettre dans la boucle les services sociaux, ou les forces de l'ordre, qui ont la possibilité d'intervenir dans la classe pour faire un rappel à la loi, de convoquer le harceleur avec ses parents, s'ils sont d'accord (ils le sont souvent), et de le mettre en face de ses responsabilités. Dans l'immense majorité des cas, ces mesures suffisent à calmer les choses.

Proposer un projet de classe

Lorsqu'on isole le meneur et qu'on propose un projet de classe autour du harcèlement, des élèves qui ne réagissaient pas deviennent des soutiens aux élèves harcelés, des élèves harcelés deviennent des meneurs, et tout le monde change de posture...

Si les profs, la direction de l'établissement scolaire ou l'académie ferment les yeux sur le harcèlement, c'est comme s'ils donnaient aux harceleurs l'autorisation de continuer.

3) Organiser et participer à la prévention

Je me déplace dans les collèges et lycées pour raconter mon histoire et engager un débat avec les élèves, mais aussi avec le personnel de l'Éducation nationale. Ces interventions sont toujours très riches et donnent l'occasion à des élèves de sortir du silence, soit en me parlant à moi, soit en osant enfin parler à un adulte de l'école. Je ne suis pas le seul à faire cette démarche : des associations organisent aussi des projections-débats ; dans certains départements, gendarmes ou policiers sont formés à la prévention.

Évoquer les choses sans tabous, c'est ouvrir la possibilité de libérer la parole et d'informer les élèves des ressources dont ils disposent.

4) Se former

Depuis quelque temps, les enseignants et les CPE, qui sont souvent les premiers à recueillir la parole des élèves, sont sensibilisés aux problèmes du harcèlement au cours de leur formation initiale par l'Éducation nationale. Ils peuvent choisir d'approfondir cette formation dans le cadre de la formation continue. Certains responsables d'établissement ont aussi l'excellente idée d'organiser cette formation, tous les ans, pour tous les enseignants de leur établissement.

L'Éducation nationale a également mis en place des médiateurs de rectorat, et des équipes mobiles académiques de sécurité (EMAS) qui peuvent intervenir auprès des élèves et du personnel.

Alors choisissez de vous former ! Plus vous serez nombreux, et plus nous aurons de chance de faire cesser le fléau.

Où trouver de l'aide ?

3020

Numéro d'appel mis en place par l'État, spécialement dédié au harcèlement scolaire, pour demander des conseils ou de l'aide. Ce numéro est valable sur tout le territoire français, y compris les Dom-Tom.

Du lundi au vendredi, de 9 heures à 20 heures et le samedi de 9 heures à 18 heures. Appel anonyme, gratuit, confidentiel, non traçable, qui n'apparaît pas sur les factures.

nonauharcelement.education.gouv.fr

Site mis en place par l'État proposant de nombreuses vidéos d'information, de prévention, de formation. Destiné aux enfants ou jeunes victimes, mais aussi aux adultes, parents, enseignants, éducateurs ou témoins qui veulent les aider.

3018

Numéro d'appel mis en place par une association de lutte contre le cyber-harcèlement (harcèlement par téléphone et sur les réseaux sociaux) des enfants et des jeunes. Anonyme, gratuit et confidentiel, du lundi au samedi de 9 heures à 20 heures.

Également sur netecoute.fr

119

Numéro d'appel mis en place par l'État pour aider les enfants et les jeunes en danger. On peut appeler ou écrire, 24 heures sur 24, pour demander des conseils ou de l'aide. Numéro valable sur tout le territoire français, y compris les Dom-Tom, destiné aux enfants ou jeunes qui ont des ennuis, mais aussi aux adultes témoins de ces ennuis. Appel gratuit, non traçable, qui n'apparaît pas sur les factures.

Également sur allo119.gouv.fr

Marionlamaintendue.com

Créée par Nora Fraisse, la maman de Marion, victime de harcèlement, qui s'est suicidée en 2013 (eh oui, ça va parfois jusque-là...). Nora a raconté l'histoire du harcèlement de sa fille dans un très beau livre[1]. L'association Marion La Main Tendue se bat pour que les choses changent dans les écoles. Et pour aider les élèves victimes à ne pas se laisser faire et à sortir du silence.

Des livres

Le Harcèlement scolaire et *La Mémoire traumatique*, d'Hélène Romano, psychologue et expert près les tribunaux, éditions ITPR, collection « Les dix indispensables », 2018.

Stop au harcèlement, le guide pour combattre la violence à l'école et sur les réseaux sociaux par Nora Fraisse, la maman de Marion, éditions Calmann-Lévy, 2015.

En finir avec le harcèlement scolaire, conseils et solutions pour se faire respecter, de Emmanuelle

1. *Marion, 13 ans pour toujours* de Nora Fraisse, Calmann-Lévy, 2015, adapté à l'écran en 2016

Piquet, psychologue et formatrice, éditions Librio, 2020.

Plusjamaisseul.fr

C'est la plateforme que j'ai créée avec l'influenceur Jonathan Matijas. Pour que vous puissiez partager, prendre la parole, entrer en contact les uns avec les autres et trouver de l'aide. Rejoignez-nous sur Instagram !

Remerciements

Ce livre est l'aboutissement de plusieurs années de travail et de thérapie. Trop de souffrance était encore enfouie en moi. Il fallait qu'elle sorte et que je tourne la page. Je vois désormais la vie avec une nouvelle paire de lunettes et je me dis qu'elle n'est pas si moche finalement. Je voudrais ici remercier tous ceux qui m'ont guidé et accompagné sur ce chemin plein de détours, notamment :

Ma maman qui a endossé le rôle des deux parents, qui a toujours cru en moi, même quand je n'y croyais plus. Ce livre est ma manière à moi de te dire merci et te rappeler à quel point je t'aime.

Valérie Péronnet, pour la patience et la bienveillance que tu as eues lors de l'écriture de ce livre. Il a fallu des longues séances de travail mais aussi des pauses à courir sur le sable et ramasser des coquillages. Merci de m'avoir aidé à mettre de l'ordre dans mon histoire. Tant d'années de violence laissent des traces. Mais à présent mon livre est bel et bien vivant. Merci pour tout ! Sans toi rien n'aurait été possible.

Jean-Baptiste Bourrat et ma maison d'édition, Les Arènes. Merci d'avoir cru en moi, en mon histoire... Vous êtes le moteur de ce livre. Il y a encore un an, je lisais des livres, aujourd'hui je réalise que j'ai le mien entre les mains. C'est un rêve qui se concrétise grâce à vous.

L'agence Les Autres, en particulier Arthur Sachel. Merci pour ton implication dans le projet, merci de m'avoir poussé à raconter cette histoire et cela même quand j'avais des doutes.

Abdelhak Guard et Anthony Amadori. Vous m'avez fait pleurer de tristesse et d'incompréhension dans la cabine d'enregistrement, vous m'avez fait progresser et surtout vous y avez cru plus que moi-même. Sans vous Hazerka n'existerait pas.

Ce livre est le plus beau cadeau que je puisse faire à ma communauté, qui me suit depuis tant d'années sur les réseaux sociaux, qui me porte sans cesse un peu plus haut. J'ai voulu arrêter plusieurs fois, vous avez été là pour m'encourager, me relever. Quand tout a commencé, j'étais seul dans un coin de ma chambre. Aujourd'hui, vous êtes des centaines de milliers derrière moi. Je mesure la chance que j'ai de vous avoir. Vous êtes ma seconde famille qui chaque jour me redonne un peu plus confiance en moi... Cette histoire qui est la mienne, je vous la dédie. Je sais maintenant que je ne serai plus jamais seul !

Merci pour tout.

Table

13369

Composition
NORD COMPO

Achevé d'imprimer à Barcelone
par CPI Black Print
le 5 décembre 2021

Dépôt légal : janvier 2022
EAN 9782290359884
L21EPLN003125N001

ÉDITIONS J'AI LU
87, quai Panhard-et-Levassor, 75013 Paris

Diffusion France et étranger : Flammarion